Jean-Marie Hyacinthe QUENUM

Maître Ignace de Loyola et ses disciples africains

Jean-Marie Hyacinthe QUENUM

Maître Ignace de Loyola et ses disciples africains

Comment parvenir à l'amour de Dieu et du prochain?

Éditions Croix du Salut

Cover image: www.ingimage.com

Publisher:
Éditions Croix du Salut
is a trademark of
Dodo Books Indian Ocean Ltd. and OmniScriptum S.R.L publishing group

120 High Road, East Finchley, London, N2 9ED, United Kingdom
Str. Armeneasca 28/1, office 1, Chisinau MD-2012, Republic of Moldova, Europe
Printed at: see last page
ISBN: 978-620-3-84634-8

MAÎTRE IGNACE DE LOYOLA ET SES DISCIPLES AFRICAINS

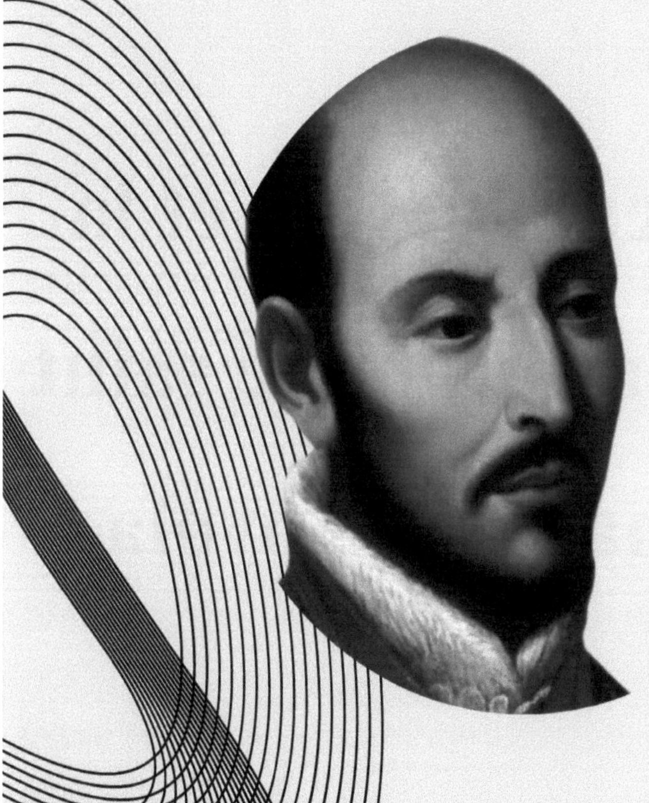

JEAN-MARIE HYACINTHE QUENUM, S.J.

La conversion et la canonisation de saint Ignace de Loyola

Jean-Marie Hyacinthe QUENUM[1], SJ

Mgr Boniface ZIRI, évêque d'ABENGOUROU

Révérends Pères et Révérendes Sœurs

Distingués invités

Chers frères et Sœurs, amis dans le Seigneur

L'année ignatienne 2021 - 2022 donne à l'Église et à la Compagnie de Jésus de célébrer les centenaires de la conversion et de la canonisation de saint Ignace de Loyola (1491-1556), l'une des figures les plus marquantes du catholicisme, fondateur de la Compagnie de Jésus et maître du discernement des esprits.

En effet, le 20 mai 1521, un lundi de la Pentecôte, Inigo Lopez de Loyola, alias saint Ignace, un noble chevalier basque à la faveur d'une grave blessure de guerre à Pampelune entre dans un processus de transformation intérieure qui aboutira à sa canonisation le 12 mars 1622.

C'est cet homme converti saisi par la grâce de Dieu qui nous invite dans le cadre de l'année ignatienne à tirer profit de son expérience religieuse de conversion.

Qui était Inigo Lopez de Loyola alias saint Ignace avant sa conversion ?

Quelle est l'interaction de la grâce dans la personnalité de saint Ignace ?

En quoi Saint Ignace devenu homme de Dieu peut-il aujourd'hui nous fasciner et nous mettre en route pour notre propre ouverture à la conversion ?

Nous voulons au cours de cette brève homélie, nous plonger dans l'expérience religieuse de conversion de saint Ignace de Loyola pour nous rendre disponibles à ce que Dieu veut pour nous aujourd'hui.

1. Qui était Inigo Lopez de Loyola alias saint Ignace avant sa conversion ?

Inigo Lopez naquit en 1491 à Loyola, cadet de treize enfants dans l'une des douze familles de la région basque. Envoyé vers 1506, à l'âge de quinze ans à ARÉVALO après la

[1] Jean-Marie Hyacinthe QUENUM est Béninois et docteur en théologie. Il est responsable du département des sciences religieuses et ecclésiastiques du CERAP (Centre de Recherche et d'Action pour la Paix), Université Jésuite en Côte d'Ivoire. Il est aussi professeur visiteur de Christologie à l'Institut de Théologie de la Compagnie de Jésus (ITCJ) à Abidjan. Il est supérieur de la communauté saint François Xavier à Abidjan en Côte d'Ivoire et instructeur du Troisième An de la province Jésuite de l'Afrique occidentale.

mort de son père, dans la maison du trésorier général de Castille, il y reçut pendant onze ans une formation de chevalier. Comme page à la cour de Castille, Inigo Lopez de Loyola s'initia à la musique, à la danse, à la calligraphie, à la poésie, à l'équitation, au maniement des armes, aux intrigues de l'amour courtois et aux manières élégantes et raffinées d'une cour fastueuse.

Du point de vue religieux, Inigo Lopez de Loyola « était un chrétien ordinaire, pratiquant régulièrement, professant la foi catholique et obéissant à l'Église. Enfant, il avait reçu la tonsure et se trouvait intégré au clergé du diocèse de Pampelune [2]»

A la mort du roi d'Espagne, Ferdinand le catholique, le 23 janvier 1516, l'avènement du jeune Charles Quint au trône entraîna la disgrâce de son protecteur à la cour de Castille.

Inigo Lopez de Loyola offrit alors ses services d'écuyer dans la garde personnelle du vice-roi de Navarre en 1517. Il commença alors à mener la vie d'un soldat d'occasion, ambitieux, courageux, habile et prudent au sein de la maison du vice-roi de Navarre.

Toute la vie d'Inigo Lopez de Loyola orientée vers le service de la couronne espagnole comme un brillant courtisan et négociateur a été bouleversée le 20 mai 1521. Au cours du siège de Pampelune par l'armée de François Ier, un boulet de canon français fracassa ses jambes. C'est avec cette grave blessure de guerre, qu'Inigo Lopez de Loyola entre dans un processus de transformation intérieure qui aboutira à sa canonisation le 12 mars 1622.

2. La grâce d'une conversion progressive

Transporté dans la maison familiale à Loyola, Inigo Lopez subit plusieurs opérations chirurgicales éprouvantes sans anesthésie et c'est au cours de la période de son immobilisation au lit qu'il lut la vie du Christ de LUDOLPHE de SAXE et une vie des saints du dominicain italien Jacques de Voragine.

Ce premier contact avec l'Écriture sainte produit un effet bénéfique sur son imagination attirée par le caractère héroïque des personnages bibliques et saints contemplés.

En méditant les héros de la foi, il eut un dégoût de sa vie mondaine passée et se trouve tout entier saisi par les choses de Dieu grâce à la conversion de ses désirs. Après huit mois de convalescence, Inigo Lopez de Loyola décida de se rendre en pèlerin pénitent, pauvre et vivant de mendicité à Jérusalem marquant ainsi une rupture radicale avec sa vie passée.

---

[2] Pierre EMONET, *Ignace de Loyola, Légende et réalité*, Éditions LESSIUS, Bruxelles, 2013, p.15.

Désormais Inigo Lopez de Loyola veut se distinguer au service du Seigneur comme chevalier du Christ. Après une pause au monastère bénédictin de MONTSSERRAT où il fit sa confession générale, Inigo Lopez de Loyola, du 25 mars 1522 à la mi-février 1523 passa un temps fort d'expériences spirituelles et apostoliques dans la bourgade de MANRÈSE.

En septembre 1523, il arrive à Jérusalem espérant y vivre et mourir martyr. Mais il fut contraint d'en partir par les franciscains.

De retour à Barcelone, il décida « d'aider les âmes » par les conversations spirituelles en transmettant son expérience spirituelle mais son style de vie attira l'attention de l'inquisition.

Pour acquérir une reconnaissance officielle pour aider librement les âmes, Inigo Lopez de Loyola décida d'étudier à Barcelone, à Alcala et à Salamanque. Mais les ennuis de l'inquisition espagnole l'obligèrent à choisir en 1528, Paris comme lieu final d'études. C'est à Paris que tout en étudiant, il initiera ses six premiers compagnons aux exercices spirituels. Avec eux, Il fait le 15 août 1534, le vœu de pauvreté et de chasteté ainsi que le vœu de se rendre à Jérusalem en pèlerinage ou à défaut de se mettre au service du pape pour pouvoir aider les âmes.

En 1535, Ignace est reçu maître ès-arts à Paris. Après un séjour en Espagne, il rejoint en janvier 1537 ses compagnons à Venise. Puis n'ayant pas pu se rendre en pèlerinage à Jérusalem, les compagnons se mettent au service du pape à Rome. En 1539 au cours d'une délibération les compagnons décidèrent de se lier par obéissance et choisirent saint Ignace comme supérieur du nouvel ordre religieux approuvé par le pape Paul III le 27 septembre 1540. Saint Ignace de Loyola dirigea le nouvel ordre religieux pendant seize ans jusqu'à sa mort le 31 juillet 1556. En 1548, les *Exercices spirituels* de saint Ignace sont approuvés par le magistère et l'on peut dire que sa conversion a été authentique puisque ses contemporains le décrivent comme un homme qui

> Croissait toujours en dévotion, c'est-à-dire dans la facilité à trouver Dieu, et maintenant plus que jamais durant toute sa vie. Toutes les fois et à toute heure où il voulait trouver Dieu, il le trouvait [3]

3. Saint Ignace, l'homme de Dieu converti

Les convictions antérieures de saint Ignace ont été ébranlées au contact des héros de la foi lus et médités en alternance avec le souvenir de sa vie mondaine passée.

[3] Ignace de Loyola, *Récit, écrit par le Père Louis Gonçalves aussitôt qu'il l'eut recueilli de la bouche même du Père Ignace*, trad. Antoine LAURAS, Paris, DDB-BELLARMIN, 1988, p.168.

Saint Ignace avec sa grande capacité d'introspection a ressenti la vanité de son existence passée et son expérience de la conversion a consisté à réévaluer les illuminations soudaines sur ses ambitions et rêves de gloire futile.

L'imagination de saint Ignace a été restructurée par les récits héroïques des saints et de la vie du Christ qui ont pris le relais de ses fantasmes narcissiques.

Nous pouvons affirmer sans risque d'erreur que la conversion de saint Ignace a été confirmée par une vision qu'il rapporte dans son récit autobiographique :

> Une nuit qu'il ne dormait pas, il vit clairement une image de Notre Dame avec le saint enfant Jésus. A cette vue, il reçut pendant un espace de temps notable une extrême consolation. Il en garda une réelle nausée de toute sa vie passée, spécialement des choses de la chair, qu'il lui semblait qu'on avait effacé de son âme toutes les images qui jusque-là y étaient gravées ainsi, de ce jour jusqu'au mois d'août de 1553 où ces choses sont écrites, jamais plus il ne leur donna le moindre consentement. On peut juger à cet effet que la vision vint de Dieu, bien que lui n'osât pas en décider et n'affirmer rien de plus que ce qui précède. Son frère comme toutes les autres personnes de la maison, remarquèrent à son extérieur le changement qui s'était opéré en son âme. [4]

La conversion de saint Ignace ne fut point foudroyante. C'est en réfléchissant sur les mouvements intérieurs de son âme que saint Ignace comprit progressivement ce qui le replie sur lui-même et ce qui le rend allègre et content. Il découvre à travers sa traversée du désert à MANRÈSE le secret de la sainteté qui est moins l'imitation des austérités spectaculaires des saints mais le fait d'être saisi par les choses de Dieu de manière suave, discrète et humble.

La rude école de MANRÈSE a été dans l'itinéraire spirituel de saint Ignace de Loyola le chemin où il s'est laissé conduire par l'amour qui vient d'en haut illuminer toutes choses dans le Christ.

En nous plongeant dans l'expérience religieuse de conversion de saint Ignace, que pouvons-nous retenir pour notre propre gouverne aujourd'hui ?

La conversion est toujours un retournement intérieur pour entrer en relation avec le Dieu qui s'est fait homme en Jésus, pauvre et humilié, mort crucifié et ressuscité dont l'Esprit fait voir toutes choses nouvelles.

---

[4] *Récit du pèlerin*, 10.

La conversion d'Ignace de Loyola est une rencontre avec le Christ ressuscité dont l'Esprit l'a conduit à réorienter sa vie pour manifester la gloire du Père à travers l'amitié avec le Fils qui l'a choisi pour aimer et servir sous l'étendard de la Croix.

Cette conversion est un cheminement qui passe par la double mort des passions et de l'égo pour s'identifier à celui qui est l'image parfaite de Dieu, le Fils dans son humanité.

Converti, Saint Ignace est habité par le souci « d'aider les âmes » à travers les conversations spirituelles et les exercices spirituels. Il a le souci de vivre sa foi avec des compagnons qui sont des amis du Seigneur pour coopérer à l'avènement du règne du Père.

Conclusion

Saint Ignace avant sa conversion était façonné par l'univers des romans de la chevalerie. Sa foi était un héritage culturel reçu sans appropriation personnelle. Sa longue convalescence à Loyola va l'aider à s'interroger sur sa vie nouvelle comme chevalier du Christ imitant saint François d'Assise et saint Dominique. Mais l'originalité de son chemin vers Dieu fut de chercher la volonté de Dieu dans l'oraison où il interprète les mouvements contrastés de ses désirs. Il devient ainsi le sujet de ses actes en se laissant conduire par l'Esprit Saint. Saint Ignace mobilise son intelligence et ses affects pour discerner ce que Dieu attend de lui.

Demandons la grâce de vivre l'année Ignatienne sous le signe de l'approfondissement du discernement des esprits à travers nos vies d'oraison afin de trouver comme saint Ignace le Seigneur en toutes choses.

Loué soit Jésus Christ, à jamais.

Maturité affective et Vie Religieuse

Un proverbe africain dit que le meilleur fruit est celui qui mûrit lentement.

Ce proverbe africain va orienter notre thème de réflexion à savoir comment comprendre la maturité affective en contexte de vie religieuse.

Pour comprendre la thématique de la maturité affective en contexte de vie religieuse, nous ferons appel aux sciences modernes du comportement humain dans le cadre de l'école de la vie et à l'expérience de la vie religieuse pour proposer une pédagogie de la lente genèse du développement psycho-affectif humain.

Que disent les sciences du comportement sur la maturité affective ?

Comment les personnes consacrées vivent-elles leur croissance psycho - affective ?

Quelle est la pédagogie de la maturation humaine en contexte de vie religieuse ?

Notre approche de la thématique de la maturité affective en contexte de vie religieuse se veut psychologique en s'appuyant sur les résultats des travaux des sciences du comportement.

L'orientation de notre pensée est d'étudier les phénomènes humains à la lumière des sciences de la modernité pour les confronter à la vocation et à la mission de la vie religieuse dans l'Église et dans le monde.

En effet la force et l'attrait du témoignage de la vie religieuse dépendent de la maturité affective des personnes consacrées.

La crédibilité du témoignage de la vie religieuse et son impact dans l'Église et dans le monde doivent se mesurer sur l'authenticité de la vie humaine des personnes consacrées totalement centrées sur le style de vie du Christ, Dieu fait homme qui a mûri « en sagesse, en taille et en grâce devant Dieu et devant les hommes » (Luc 2, 52).

1. Les sciences du comportement humain et la maturité affective

La psychologie dynamique comme science du comportement humain a contribué à une meilleure compréhension de l'homme comme personne dans ses relations à lui-même et aux autres dans la famille et dans la société.

La psychologie dynamique s'intéresse à l'enfant, à l'adolescent et à l'adulte.

Les maîtres modernes de la psychologie dynamiques sont Sigmund Freud

[1], Carl Jung et Alfred Adler.

La psychologie dynamique selon Jack DOMINIAN « s'intéresse surtout aux sentiments, émotions et instincts, ainsi qu'à leurs mécanismes de fonctionnement dans la personnalité humaine[2] »

Pour grandir et mûrir l'enfant soutenu et encouragé par ses parents, tout en apprenant à parler et à marcher développe dans le processus de sa socialisation des sentiments de confiance, d'autonomie, de faute et de honte.

L'enfant développant sa vie affective aura le sentiment d'être désiré et aimé et fera l'apprentissage de la vie par essai et erreur dans le milieu parental ou l'école avec enthousiasme pour devenir lui-même.

Ces sentiments de confiance, d'autonomie, de faute et de honte vont structurer la vie affective de l'enfant et s'enrichiront par les expériences de l'adolescent en période de transition vers l'âge adulte.

L'adulte sera la personne humaine qui aura réalisé l'intégration de sa vie affective en se séparant de ses parents dans la sérénité et en choisissant de vivre sa vie de façon unique sans dépendre des figures parentales.

Les signes de la maturation humaine sont la confiance en soi, la capacité d'être autonome, le sens de la responsabilité et la joie de contribuer au bien commun.

L'homme adulte se possède pour se donner aux autres dans un esprit d'échange, de coopération et de partage. Il a appris à travers les expériences de la vie à gérer ses pulsions sexuelles et ses instincts de conservation et d'agressivité. Il est en paix avec lui-même et regarde ses semblables avec une espérance réaliste.

La psychologie dynamique comme science du comportement humain a aussi observé les ratés de la maturation humaine à travers les parents abusifs et toxiques qui en raison de leurs difficultés personnelles n'aident pas l'enfant ou l'adolescent à bien structurer sa vie affective.

Ces parents pervers, narcissiques ou hystériques produisent des adultes manqués, insatisfaits, névrosés, angoissés et sociopathes.

---

[1] Sigmund Freud, *Malaise dans la civilisation*, Paris, PUF, 1971.

[2] Jack DOMINIAN, *Maturité affective et vie chrétienne. Problèmes de vie religieuse*, Paris, Cerf, 1978.

Soulignons enfin le rôle de l'école ou de tout lieu de formation humaine qui prépare l'enfant, l'adolescent ou le jeune adulte aux responsabilités de la vie.

L'école est un cadre social élargi qui propose un programme de formation humaine visant à faire de l'homme et de tout l'homme un citoyen responsable capable d'accomplir ses devoirs envers ses semblables.

L'école aide à la maturation humaine en façonnant l'individu selon les normes de sa société.

2. Maturation humaine en contexte de vie religieuse.

La vie religieuse accueille de jeunes adultes pour un projet de vie centré sur la suite du Christ dans la pauvreté évangélique, l'obéissance religieuse et le célibat consacré dans une communauté fraternelle en vue de l'évangélisation du monde[3].

Le projet de vie religieuse est le fruit d'une conviction et d'une option sur l'appel mystérieux du Dieu qui s'est révélé en Jésus Christ[4].

Le candidat à la vie religieuse est soumis à un temps de probation où il fait la preuve de sa capacité à embrasser la vie religieuse à travers l'accompagnement et les épreuves prévues par son institut religieux.

Le temps de probation qui est un temps de formation est aussi celui de la vérification des aptitudes à la vie religieuse.

La vie religieuse n'accepte que des candidats entraînés à la vie d'intimité avec le Seigneur Jésus le Christ. Une vie de communion avec les autres est un critère de vocation religieuse sérieuse ainsi qu'une capacité à vivre le quotidien avec une espérance réaliste.

Le temps de probation à la vie religieuse se présente comme celui de la mise à l'épreuve de la maturité affective du candidat face aux nouvelles exigences du style de vie proposé par son institut religieux.

Quatre pôles d'attention permettent de discerner la maturité affective du candidat à la vie religieuse : la vie spirituelle, la vie communautaire, la vie intellectuelle et la vie apostolique.

---

[3] Jean-Claude Guy, Histoire de la vie religieuse. Des origines au début du XIX siècle. Travaux et conférences du Centre Sèvres, n° 17, Paris, 1989.

[4] Simon LÉGASSE, *L'appel du riche, contribution à l'étude des fondements scripturaires de l'état religieux*, « VERBUM SALUTIS, Collection annexe 1 » Paris, Beauchesne, 1966.

La vie spirituelle du candidat à la vie religieuse doit être fondée sur une possession de soi sans laquelle on ne peut se donner à celui que l'on veut suivre, Jésus le Christ.

La possession de soi est la qualité d'une vie intérieure fondée sur une vie de relation à soi où l'on se sent accepté, confirmé et aimé. La vie intérieure est la capacité à ressentir l'amour et à l'exprimer.

Le candidat à la vie religieuse doit avoir la capacité de manifester l'amour dans les relations interhumaines au sein d'une communauté ou à l'intérieur d'une fraternité.

La manière de vivre reflétant l'amour est la condition essentielle pour poursuivre un projet de vie religieuse.

L'engagement dans la vie religieuse présuppose une intelligence capable d'analyser la réalité avec les méthodes modernes de la constitution du savoir.

Enfin un désir d'évangéliser ses contemporains par les moyens apostoliques de l'institut constitue la motivation explicite de la suite du Christ.

Le sentiment d'être profondément malheureux au cours de la période de probation signale que le candidat à la vie religieuse n'a pas une maturité suffisante pour mener ce style de vie.

Le malaise du candidat se traduit par des frustrations inexplicables, des symptômes de dépression et d'angoisse morbide et l'agitation intérieure.

Le dialogue de l'accompagnateur avec le candidat à la vie religieuse doit aboutir à une réorientation salutaire sans préjudice à l'estime de soi.

Les autres étapes de la formation religieuse permettent l'intégration du charisme de l'institut dans la vie quotidienne et des évaluations sont nécessaires pour consolider la croissance affective de la personne qui se met à l'école du Christ pour le suivre de plus près.

La vie vertueuse du religieux implique le choix de la chasteté vécue comme une grâce et entretenue par une vie intense de prière.

La chasteté n'est pas seulement le renoncement à des activités post-pubertaires conduisant au coït, mais une manière de vivre sa sexualité pour communiquer la tendresse et la compassion à ses semblables à travers des gestes de miséricorde.

Le religieux ou la religieuse chaste est celui ou celle qui se rend proche de ses semblables en leur offrant la confiance, l'écoute, la sympathie, l'appréciation et le respect.

Le religieux ou la religieuse chaste sert avec tact les besoins d'autrui sans esprit de possessivité.

> Puisque l'observance de la continence parfaite met en cause de façon intime les inclinations les plus profondes de la nature humaine, ceux qui aspirent à la profession de la chasteté ne peuvent y accéder et y être admis qu'après une probation vraiment suffisante et s'ils ont la maturité psychologique et affective requise. Non seulement on les avertira des dangers guettant la chasteté, mais aussi on les formera à accepter le célibat consacré à Dieu comme un enrichissement de toute leur personnalité[5].

Seule une chasteté fraternelle au sein des communautés peut favoriser l'exercice individuel pratique du célibat consacré.

La pauvreté évangélique alliée de la chasteté n'est que la richesse intérieure du religieux ou de la religieuse qui n'utilise les biens matériels que comme moyens apostoliques pour combattre la misère et le sous-développement humain.

La pauvreté matérielle en soi n'a rien de bon et la réduction de la pauvreté s'impose dans nos pays pour élever l'indice du bien-être matériel.

La vertu d'obéissance fait du religieux ou de la religieuse des personnes passionnées de la recherche de la volonté de Dieu dans les détails de leur vie quotidienne. La vertu d'obéissance rend disponible à l'inattendu et à autrui dans le besoin.

3. La pédagogie de la lente maturation religieuse

La vie religieuse doit prendre en compte le fait que les premières expériences de l'enfance sont décisives pour la compréhension de la maturité affective.

L'enfant est celui qui a besoin de se sentir aimé et encouragé pour développer le goût de vivre en prenant des initiatives pour réaliser ses potentialités humaines.

Ce sentiment d'être aimé est la source du dynamisme de toute vie humaine et perdure tout au long de la vie.

La croissance de la personnalité est nourrie par les relations de proximité, d'affirmation de l'autre et de confiance en l'autre.

---

[5] *PERFECTAE CARITATIS*, article. 12.

C'est la confiance en l'autre qui fait de l'enfant un humain désiré capable de développement psycho-affectif et de rayonnement.

En renonçant à toutes rencontres sexuelles exclusives à deux, qui n'est possible que dans le mariage, le candidat à la vie religieuse doit trouver dans sa communauté le lien affectif qui lui permet d'être soutenu et encouragé dans son projet de suivre Jésus Christ.

La vision du célibat consacré donne à la communauté une place importante.

La communauté est le lieu où le religieux ou la religieuse trouve le soutien pour vivre sa suite du Christ.

La pédagogie de la lente maturation religieuse consiste à donner du temps aux candidats à la vie religieuse pour s'imprégner de l'évangile par la méditation, la liturgie et la célébration des sacrements. L'accompagnement des candidats à la vie religieuse permet de suivre avec empathie leur itinéraire unique dans des relations apaisées de confiance en soi, d'affirmation de soi et de confirmation de sa vocation et de sa mission dans l'Église et dans le monde.

C'est ainsi que les candidats à la vie religieuse mûriront lentement et sûrement pour répondre à leur vocation particulière et à leur mission dans l'Église et dans le monde.

Esquisse conclusive :

La maturité affective est l'expression continue de la séparation progressive d'avec les figures parentales pour devenir soi-même.

A la seconde décennie de l'existence humaine, tout homme doit se sentir pilote de sa destinée pour risquer des engagements de vie afin d'entrer dans le concert du donner et du recevoir.

La maturité affective requiert la possession de soi, la familiarité avec la vie quotidienne, l'esprit de responsabilité, le sens du devoir, la résilience devant les évènements traumatisants, la prudence dans le discernement des options[6] et le courage pour faire correspondre sa pensée à sa parole et ses actes à sa parole.

Mûrir exige un combat spirituel pour devenir soi-même.

[6] Jacques Guillet, « Discernement des esprits » dans le *Dictionnaire de spiritualité*, Paris, Saint Augustin, 1999, vol.3, col.1222-1247.

Une pédagogie de la lente maturation permet à un candidat à la vie religieuse de se posséder pour se donner à la suite du Christ afin de porter des fruits durables pour son institut et pour celui qui l'appelle de façon mystérieuse à travers sa maturité affective.

Dans la perspective chrétienne, le fruit unique, social et éthique que produit la maturité est l'amour (1 Corinthiens 13, 1ss).

L'amour est l'action de Dieu dans la vie de l'homme pour le transformer à l'image de Jésus Christ, le Juste et le Prince de la vie, crucifié et ressuscité qui divinise la maturité humaine.

Une retraite de huit jours, inspirée par saint Ignace de Loyola

Une catéchèse sur la prière précède toutes retraites inspirées par saint Ignace de Loyola.

La prière dans le cadre d'une retraite Ignacienne est un entrainement à la vie filiale de la personne baptisée qui se tourne vers le Père pour écouter sa parole à travers le Fils conduit par l'Esprit Saint.

La retraite inspirée par saint Ignace de Loyola, est un temps d'appropriation du mystère du Christ à travers les prières vocales, les méditations, les contemplations, les répétitions, les colloques et les applications des sens sous la mouvance de l'Esprit Saint.

La raison fondamentale qui conduit à entrer dans une retraite inspirée par saint Ignace de Loyola est le désir de rencontrer le Christ qui révèle à la personne baptisée, l'amour du Père (Jean 14, 8).

La retraite se présente comme une expérience religieuse où le Dieu créateur et Seigneur se révèle de manière unique et spécifique à la personne afin qu'elle engage sa liberté pour répondre à l'amour de Dieu[1].

Le désir de rencontrer Dieu à travers la personne du Christ, s'accompagne d'une prise de distance par rapport aux préoccupations qui orientent vers l'activisme pour se concentrer sur l'essentiel qui est la rencontre du créateur et du Seigneur, sans intermédiaire.

Le silence profond du cœur et la solitude paisible sont requis pour les exercices spirituels d'une retraite.

En effet, la personne qui reçoit les exercices spirituels est seul à seul avec le Christ qui lui révèle à travers l'Esprit Saint l'amour du Père.

Le silence et la solitude favorisent l'écoute de la Parole de Dieu qui façonne la pratique chrétienne de la retraite Ignacienne.

Se nourrir de la Parole de Dieu dans une retraite Ignacienne est un moyen de reconnaître la primauté de Dieu et la primauté de sa Parole qui est lumière et vie pour les vivants.

La reconnaissance de la primauté de Dieu se traduit concrètement dans la vie de la personne par la grâce de la conversion, qui, dans la deuxième semaine des exercices spirituels de saint Ignace de Loyola est le désir et la décision de suivre Jésus en marchant avec lui pour

[1] G. FESSARD, *la dialectique des Exercices spirituels de saint Ignace de Loyola*, Paris, Aubier, 1956.

l'instauration du royaume de Dieu dans le contexte d'une vie personnelle, sociale, publique et mondiale.

Une retraite à la manière de saint Ignace de Loyola discerne les idoles qui empêchent de suivre Jésus : la recherche du succès, l'attachement désordonné au prestige et aux privilèges de classe ou de caste et la vision utilitaire des intérêts de l'égo.

« Avec un cœur large et généreux [2]», la personne baptisée qui désire rencontrer le Christ des évangiles, doit créer son espace pour « goûter intérieurement[3] » au mystère du Fils de l'homme venu sauver ce qui était perdu en déterminant, le lieu, la position et la durée de l'expérience de prière.

La personne baptisée qui entre dans l'expérience de la retraite inspirée par saint Ignace de Loyola cultive les dispositions intérieures de docilité à l'Esprit Saint, maître intérieur de toutes vies de foi.

Quel est le contenu de la catéchèse sur la prière qui précède toutes retraites inspirées de saint Ignace de Loyola ?

Quels sont les défis de la première semaine des exercices spirituels de saint Ignace de Loyola ?

En quoi la deuxième semaine et la troisième semaine des exercices spirituels sont décisives pour connaitre la personnalité et le projet de Jésus condamné à souffrir et à mourir pour le royaume de Dieu ?

Quel est le but de la quatrième semaine des exercices spirituels ?

1. La catéchèse sur la prière qui précède toutes retraites inspirées de saint Ignace de Loyola

La prière est une patiente écoute de la Parole de Dieu dans une retraite inspirée de saint Ignace de Loyola.

La prière, à travers les exercices spirituels est un dialogue intime entre la créature consciente et le créateur.

---

[2] « Le cœur large et généreux » invite à donner le temps à Dieu de se manifester dans les exercices spirituels selon son initiative.

[3] Pus qu'un temps de savoir, la prière est un temps de délectation intérieure. C'est un temps d'ouverture de cœur au mystère de Dieu en Jésus-Christ.

La prière est trinitaire dans la mesure où elle s'adresse au Père, par le Fils dans l'Esprit Saint.

Elle s'inscrit dans une relation filiale de confiance et d'amitié.

La prière inspirée par les exercices spirituels de saint Ignace est un acte de foi exigeant l'abandon de soi.

Le principe et fondement des exercices spirituels (ES 23) qui n'est ni une méditation ni une contemplation est une considération qui oriente l'esprit de l'expérience de prière dans un climat de louange, de révérence et de service qui caractérise la relation de partenariat de la créature consciente avec le Dieu créateur et Seigneur.

Ancré dans le monde créé, la créature consciente ne doit se servir des créatures que dans la mesure où elles l'aident à poursuivre sa fin qui est de glorifier Dieu

Les cinq paragraphes du principe et fondement sont des critères de discernement pour répondre au partenariat du Dieu créateur avec sa créature consciente.

La contemplation des mystères de la vie de Jésus voit en lui, le Fils de Dieu fait homme qui rend visible le Père.

Les exercices spirituels de saint Ignace de Loyola apprennent à contempler les mystères de la nativité, de la vie cachée, et de la vie publique de Jésus débouchant sur le mystère pascal révélant un Dieu créateur de vie nouvelle d'amour qui appelle à la communion et à la réconciliation.

Inspirés par l'Esprit Saint, les *Exercices spirituels*[4] de saint Ignace de Loyola sont centrés sur le Christ. Le Christ est le Verbe incarné, Parole définitive du Père, envoyé par le Père pour appeler la personne humaine à s'unir à lui afin de s'ouvrir au dessein d'amour du Dieu créateur et rédempteur.

Ainsi la personne baptisée qui reçoit les exercices spirituels de saint Ignace de Loyola se reconnaît comme une créature consciente dont la vie est ordonnée à la louange, à la révérence et au service de son créateur et Seigneur (E 23.2).

[4] Saint Ignace de Loyola, *Exercices spirituels*, DESCLÉE DE BROUWER, Paris, 1963.

Créée pour le bonheur, la personne humaine ne trouve un sens à sa vie qu'en engageant sa liberté à suivre l'enseignement divin de Jésus, le Fils bien aimé du Père, Parole définitive qui sauve à travers les attitudes de louange, de révérence et de service du Royaume de Dieu.

Les 20 premières annotations des *Exercices spirituels* décrivent le cadre de la retraite inspirée de saint Ignace de Loyola.

La retraite est envisagée comme une expérience de révélation.

Dieu se révèle de façon progressive à la personne qui prie à partir de l'évangile médité ou contemplé.

Dieu se révèle de manière unique et spécifique dans les situations humaines et le ressenti de la personne qui prie.

Dieu se révèle aussi à travers les consolations et les désolations en aidant la personne qui prie à faire l'expérience de sa présence et de son amour

La conversation spirituelle de la personne qui reçoit les exercices spirituels avec la personne qui donne les exercices spirituels est le lieu d'interprétation de la révélation de Dieu dans un exercice transparent de mutualité.

2. Les défis de la première semaine des exercices spirituels de saint Ignace de Loyola

Le premier défi de la première semaine des exercices spirituels est la découverte de la personne qui reçoit les exercices spirituels de l'amour de Dieu pour tous en dépit de la condition pécheresse de l'humanité et des mauvais anges.

Cette découverte se fait à travers Jésus, le Fils bien aimé du Père donné à l'humanité, visage humain du Père, qui manifeste son amour sans discrimination à tous (**Luc 5, 27-32**).

La scène évangélique de l'appel de Lévi interpelle la personne qui reçoit les exercices spirituels de saint Ignace.

Lévi était un Juif au service de l'armée d'occupation de son peuple comme péager. Parce qu'il était collecteur d'impôts pour les Romains, il était détesté par ses compatriotes Juifs. Pourtant le prophète de Galilée, Jésus de Nazareth, en dépit de sa condition pécheresse, l'appelle à devenir son disciple.

Jésus aime Lévi et le choisit comme disciple et Lévi librement accepte de suivre Jésus.

En suivant Jésus, Lévi change complètement son style de vie et dévient un évangéliste.

Lévi montre que chacun de nous peut changer s'il décide de suivre Jésus, le maître divin qui conduit au bonheur.

Ensuite, Jésus dans trois paraboles, révèle, un Dieu de grâce, d'accueil et de pardon dont la joie est immense envers ses créatures qui sont en communion avec lui (**Luc 15**).

Zachée de Jéricho est celui qui fait l'expérience de la rencontre bouleversante de Jésus qui change complètement sa vie en le libérant de sa logique de profit. (**Luc 19, 1-10**).

Croire à l'amour miséricordieux de Dieu qui accueille et qui pardonne est l'autre défi de la première semaine des exercices spirituels de saint Ignace de Loyola.

Le Dieu saint de la révélation chrétienne a en horreur le péché qui déshumanise sa créature consciente, mais ce Dieu qui connaît le cœur de la personne humaine, aime les pécheurs et il les appelle à la conversion afin qu'ils soient en communion avec lui.

C'est ce qui explique l'envoi du Fils « **car Dieu a tant aimé le monde, qu'il a donné son Fils, l'Unique Engendré, afin que quiconque croit en lui ne se perde pas, mais ait la vie éternelle** » (Jean 3, 16).

La volonté salvifique de Dieu se manifeste à travers l'incarnation du Fils qui offre sa vie pour ses frères et sœurs en humanité.

La kénose du Fils est célébrée par l'hymne aux PHILIPPIENS :

> *« Lui qui est de condition divine n'a pas revendiqué son droit d'être traité comme l'égal de Dieu mais il s'est dépouillé prenant la condition d'esclave, devenant semblable aux hommes il s'est abaissé devenant obéissant jusqu' à la mort sur une croix. C'est pourquoi Dieu l'a souverainement élevé et lui a conféré le nom qui est au –dessus de tout nom afin qu'au nom de Jésus tout genou fléchisse dans les cieux, sur la terre et sous la terre et que toute langue proclame que le Seigneur c'est Jésus Christ à la gloire de Dieu le Père »*[5].

La personne qui reçoit les exercices spirituels de saint Ignace de Loyola durant la première semaine recherche dans sa prière l'action salvifique de Dieu qui le libère de ses péchés.

En recevant la grâce d'être responsable de son histoire, la personne qui reçoit les exercices spirituels entre dans la deuxième semaine des exercices spirituels de saint Ignace avec

[5] Ph 2, 6-11.

le désir de devenir semblable à Jésus, le Fils de Dieu fait homme, prototype de l'homme libre par excellence.

3. L'humanité du Dieu fait homme : sa personnalité historique, son projet apostolique, sa souffrance et sa mort

La naissance du Dieu fait homme fut annoncée par un ange à Marie de Nazareth, une vierge fiancée à Joseph. Marie crut à la merveille des merveilles et fut enceinte par l'action mystérieuse de l'Esprit Saint (**Luc 1, 26-38)**.

La naissance de Jésus de Nazareth dans une pauvreté extrême fut révélée aux bergers (**Luc 2, 1-20**).

L'enfant reçut une éducation Juive (**Luc 2, 41 -52**).

Jésus, adulte commence son ministère (**Luc 4, 14-22**).

Appel des premiers disciples (**Luc 5, 1-11**).

La résurrection d'un jeune homme (**Luc 7, 11-17**).

La tempête apaisée (**Luc 8, 22-25).**

La compassion de Jésus (**Luc 13, 10-17**).

Le complot contre Jésus et la trahison de Judas (**Luc 22, 1-6**).

Jésus célèbre la Pâque Juive avec ses disciples, ses compagnons de pèlerinage (**Jean 13, 1-15**).

Jésus annonce la trahison de Judas (**Jean 13, 21- 30**).

Jésus annonce le reniement de Pierre (**Luc 22, 31-34**).

Jésus au mont des oliviers (**Luc 22, 39-46**).

Jésus est arrêté (**Luc 22, 47-53**).

Le reniement de Pierre (**Luc 22, 54-62**).

Jésus devant le Sanhédrin (**Luc 22, 66-70**).

Jésus devant Pilate (**Luc 23, 2-7**).

Jésus devant Hérode Antipas (**Luc 23, 8-12**).

Jésus à nouveau devant Pilate (**Luc 23, 13-25**).

Jésus sur le chemin du calvaire (**Luc 23, 26-32**).

Jésus crucifié, raillé et outragé (**Luc 23, 33-38**).

Le bon larron (**Luc 23, 39-43**).

La mort de Jésus (**Luc 23, 44-49**).

L'ensevelissement de Jésus (**Luc 23, 50-56**).

La deuxième semaine des exercices spirituels de saint Ignace de Loyola fait connaître intérieurement à la personne qui reçoit les exercices spirituels l'humanité du Dieu qui s'est fait homme en Jésus de Nazareth.

Le mode de prière est la contemplation, une manière de prier qui valorise les cinq sens.

Il s'agit de contempler le Dieu qui s'est fait homme en Jésus de Nazareth pour découvrir pour soi le mystère de Dieu qui se révèle dans l'humanité d'un homme né parmi les hommes, éduqué par ses parents fidèles pratiquants de la loi de Moïse.

Cet homme a vécu à Nazareth dans la province de Galilée, un village d'environ 240 habitants. Façonné par les us et coutumes de son temps et marqué par sa profession de travailleur du bois, cet homme fut un enfant, un adolescent et un adulte, confronté aux réalités de la vie quotidienne de la condition humaine.

C'est à travers la vie de cet homme, pleinement humain et pleinement divin que la personne qui reçoit les exercices spirituels de saint Ignace de Loyola contemple et découvre à nouveaux frais le mystère du Dieu qui vient la libérer de ses préjugés, de ses peurs et de ses angoisses afin qu'elle mène une existence authentique en devenant semblable à lui.

Le ministère public de Jésus de Nazareth, centré sur la prédication du royaume de Dieu à travers les actes de guérison et d'exorcismes est le temps de révélation de la mission du Fils de Dieu qui s'est fait homme pour diviniser ses frères et sœurs en humanité.

Ce ministère public suscita la réaction hostile des autorités Juives qui arrêtèrent Jésus à Jérusalem, lors de la célébration de la Pâque Juive.

Comparu devant le Sanhédrin, Jésus de Nazareth fut condamné comme un blasphémateur et comme un agitateur politique. Il fut transféré au gouverneur Romain Ponce Pilate qui ordonna sa crucifixion.

C'est cette histoire tragique et dramatique que la personne qui reçoit les exercices spirituels de saint Ignace de Loyola contemple pour en tirer un profit spirituel.

Le profit spirituel est de revivre pour soi l'histoire du salut de Dieu en Jésus le Christ pour nourrir le désir de connaître Jésus, de l'aimer et de le suivre de plus près en engageant sa liberté à accueillir dans les situations particulières de sa vie le royaume de Dieu pour lequel il a offert sa vie humaine au profit de ses frères et sœurs en humanité.

4. Le but de la quatrième semaine des exercices spirituels de saint Ignace de Loyola

La quatrième semaine des exercices spirituels de saint Ignace de Loyola annonce la victoire de Jésus de Nazareth sur la mort.

Jésus de Nazareth est ressuscité et il est vivant pour toujours.

Son tombeau est vide et il apparaît à ses disciples pour relancer la mission universelle de l'instauration du royaume de Dieu.

La présence du ressuscité remplit l'univers et chacun peut le rencontrer car il est le « même, hier, aujourd'hui et demain ».

Le ressuscité peut exercer son office de consolateur en invitant ses frères et sœurs en humanité à aimer comme il a aimé en offrant sa vie avec gratitude en vue d'un surcroît de gratuité dans le monde.

Le surcroît de gratuité dans le monde est la révélation de l'amour de Dieu qui restaure le bien-être de la créature égarée en la faisant entrer dans la communion d'un Dieu tri-personnel qui divinise sa créature consciente par la vie, la mort et la résurrection du Fils qui s'est fait homme et reste en parfaite solidarité avec l'humanité blessée et sauvée.

La retraite Ignacienne se termine par la contemplation pour parvenir à l'amour de Dieu par un exercice de mémoire qui rend grâce pour les dons reçus dans la communion d'un Dieu qui se donne dans l'échange du créateur avec la créature unis dans l'amitié et la mutualité.

Le tombeau vide de Jésus ressuscité (**Luc 24, 1-12**).

Les deux disciples d'Emmaüs (**Luc 24, 13-35**).

Le ressuscité apparaît aux apôtres (**Luc 24, 36-49**).

La contemplation pour parvenir à l'amour (**ES 230-237**).

Remarques conclusives et d'ouverture :

La retraite de huit jours inspirée de saint Ignace de Loyola est une adaptation pastorale de la retraite de trente jours ou de la retraite dans la vie courante de la 19ème annotation du livret des *Exercices spirituels* de saint Ignace de Loyola.

Cette retraite peut être proposée à toute personne désirant devenir disciple de Jésus pour être envoyé afin de transformer son milieu de vie en royaume de Dieu.

La dynamique de la retraite de huit jours permet de découvrir que chaque personne humaine est aimée de Dieu.

Pour nous sauver de notre déshumanisation par le péché, le Dieu Trine et Un envoie le fils fait homme, Jésus de Nazareth dont l'enseignement divin illustré par sa vie, sa mort et sa résurrection est le chemin du salut.

C'est en abordant la vie, la mort et la résurrection de Jésus de Nazareth avec attention, révérence et dévotion que la personne qui reçoit les exercices spirituels de saint Ignace de Loyola obtient la grâce de la conversion qui conduit toute personne humaine à devenir évangéliste à la manière de Lévi.

La retraite de huit jours, inspirée de saint Ignace de Loyola est le temps où la personne humaine est avec le Fils de Dieu fait homme pour être transfigurée par ses attitudes, ses gestes et ses choix qui inspirent le déploiement de sa liberté.

Prier trente jours avec saint Ignace de Loyola

AVANT-PROPOS

Ce livret propose une expérience de prière personnelle dans un cheminement orienté de foi chrétienne selon la méthode des Exercices spirituels de saint Ignace de Loyola[1].

Les Exercices spirituels[2] de saint Ignace de Loyola permettent à une personne de grandir dans la vie selon l'Esprit au fil de trente jours d'oraison.

La personne qui fait les Exercices spirituels se tourne vers Dieu pour l'écouter et lui parler dans un cœur à cœur intime.

La manière de procéder des Exercices spirituels met en présence du Dieu Trinitaire, Père, Fils et Esprit Saint.

Ce Dieu est celui du peuple d'Israël, celui des prophètes, celui de Jésus Christ et de l'Église.

Ce Dieu est celui révélé par le Verbe de Dieu, le Fils incarné qui communique à l'humanité l'amour infini du Père dont il est la propre connaissance.

---

[1] Inigo Lopez de Loyola, noble Basque, naquit en 1491 à Azpeitia dans le diocèse de Pampelune. Jeune page au trésorier général du roi de Castille à ARÉVALO, Inigo reçut une éducation de gentilhomme. Après la disgrâce de son protecteur, il devint écuyer dans la garde personnelle du vice-roi de Navarre. Le 20 mai 1521, Inigo de Loyola est gravement blessé à la jambe lors de la défense de la forteresse de Pampelune assiégée par l'armée de François 1er. Transporté à la maison familiale de Loyola, Inigo Lopez subit de longues semaines de convalescence durant laquelle à la faveur de ses lectures, réflexions et évolution intérieure, il convertit ses désirs en service exclusif de l'évangile. Il décida de rompre avec sa vie passée de courtisan et de péché en embrassant la vie héroïque de chevalerie spirituelle des saints de *La légende Dorée* écrite par le dominicain Jacques de VORAGINE. En pèlerin en route pour Jérusalem, Inigo Lopez de Loyola se rend au monastère bénédictin de Montserrat, puis dans la bourgade de MANRÈSE où enflammé de Dieu, il fit pendant une année une intense expérience spirituelle de mortifications, d'abstinence, de dévotions et de pratique des vertus chrétiennes. Arrivé à Jérusalem en septembre 1523, Inigo de Loyola est contraint de revenir en Europe, où il réoriente sa vie en poursuivant des études à Barcelone, Alcala, Salamanque et Paris pour mieux « aider les âmes »et pour se distinguer davantage au service du roi éternel, Jésus Christ, créateur et Seigneur. Durant ses années d'études à Paris, Inigo Lopez de Loyola devenu Ignace de Loyola réunit autour de lui six compagnons initiés aux Exercices spirituels qui font ensemble vœu de pauvreté et de chasteté le 15 août 1534. En 1538 Ignace de Loyola et neuf compagnons se rendent à Rome et en 1539, après une délibération ils décidèrent de se constituer en ordre religieux approuvé par le pape Paul III le 27 Septembre 1540. En 1541, Ignace de Loyola fut élu Préposé Général de la Compagnie de Jésus et en 1547 le livret des *Exercices spirituels* fut approuvé par le pape Paul III comme texte à l'usage des accompagnateurs pour proposer une manière de « chercher et trouver la volonté divine dans la disposition de sa vie en vue du salut de son âme ».

[2]Les Exercices spirituels de saint Ignace de Loyola sont des manières de prier, de s'examiner et de se reconnaître pécheur pardonné, émerveillé par la miséricorde de Dieu. Ils constituent un parcours de quatre saisons spirituelles introduites par le « Principe et fondement ». La personne qui fait les Exercices spirituels contemple l'envoi du Verbe incarné dans sa vie cachée et publique et le suit dans sa Passion, Résurrection et Ascension. Le livret des *Exercices spirituels* contient des remarques sur la pédagogie de l'élection et de sa confirmation. Il donne des règles sur les scrupules, le discernement des esprits, la distribution des aumônes et sur les attitudes de foi envers l'Église militante et hiérarchique. Œuvre propre de Saint Ignace de Loyola, le livret des *Exercices spirituels*

La prière permet à la personne qui fait les exercices spirituels de se fondre et de s'oublier dans le mystère du Dieu Trinitaire dans une relation particulière d'amour.

Expérience de rencontre avec le mystère du Dieu Trinitaire, la prière avec Saint Ignace de Loyola est une expérience de communion, de communication et de dialogue sous les formes de louange, de supplication, de demandes de grâces, d'intercession et de recherche active et passive de la volonté de Dieu.

C'est en faisant les Exercices spirituels qu'une personne est affectée au plus intime d'elle -même par les Paroles de la Sainte Écriture qui le transforment en disciple de Jésus et en apôtre de l'évangile.

La pédagogie des Exercices spirituels de Saint Ignace de Loyola favorise la croissance humaine dans un processus d'éveil à la liberté et à l'amour de Dieu, du prochain et de soi.

La personne qui fait les Exercices spirituels est invitée à rejoindre le Dieu créateur dans le monde à travers la croissance de la semence de la Parole de Dieu, créatrice et libératrice et transformatrice jetée dans son cœur priant.

La personne qui fait les exercices spirituels de trente jours s'engage dans la recherche de la volonté de Dieu et elle doit prendre de la distance par rapport aux affaires de sa vie quotidienne pour se mettre entièrement et totalement à la disposition de son Maître intérieur, l'Esprit Saint.

L'expérience spirituelle de trente jours de retraite fermée présuppose le silence intérieur, la ferveur, la générosité, la discipline, le travail persévérant de la relecture de vie, l'accompagnement et le respect des règles de la pédagogie des Exercices spirituels de saint Ignace de Loyola.

La prière avec saint Ignace de Loyola évoque une expérience avec le Dieu Trinitaire, le Tout Autre et le Tout Proche, qui dans la durée d'une retraite de trente jours invite la personne qui prie à vivre avec lui et au fond de son cœur une relation d'amitié et d'alliance.

Ce Dieu est le Saint, L'ami et l'hôte intérieur qui appelle la personne qui fait les exercices spirituels à vivre devant sa face mystérieuse, avec lui et en lui.

Cette expérience change le regard que porte la personne qui fait les exercices spirituels sur le monde créé et sur elle-même.

C'est en sortant d'elle-même et en se laissant toucher par ce qui arrive dans sa prière que la personne qui fait les exercices spirituels fait une expérience religieuse du Dieu Trinitaire d'amour.

La retraite de trente jours est centrée sur le Fils incarné, révélation de l'amour du Dieu Trinitaire.

En face de cet ami de l'humanité, qui vient partager la condition humaine, la personne qui fait les exercices spirituels reconnaît son péché et son besoin de salut.

La personne qui prie reconnaît l'amour de Dieu qui la précède dans l'acte d'exister comme un autre en face de celui qui l'appelle à grandir librement dans sa relation avec lui dans le cadre de son environnement humain et spirituel (Jean 6, 44).

La prière purifie ce qui entrave intérieurement la relation avec Dieu et met la personne qui fait les exercices spirituels en relation avec l'Esprit de Jésus contenu dans ses paroles, dans ses gestes et dans ses attitudes contemplées dans les Évangiles.

Le but de la prière durant les trente jours avec saint Ignace de Loyola est de s'imprégner de l'esprit de Jésus en se libérant des attachements désordonnés et en s'offrant pour le règne du Christ qui passe par l'appropriation personnelle du mystère pascal.

Les quatre semaines des Exercices spirituels de saint Ignace de Loyola permettent une rencontre personnelle avec Jésus-Christ qui au gré de sa grâce, dispose le croyant à faire la volonté de Dieu dans le discernement de son chemin vers Dieu.

Ce chemin ne peut être que l'acceptation joyeuse de sa vie comme un don de Dieu offert dans ses besoins, dans ses appels, dans ses limites, dans ses faiblesses, dans ses blessures, dans ses fautes et dans la transfiguration de l'expérience humaine par la grâce de Dieu.

Prier, c'est grandir dans sa relation avec Dieu dans l'intimité de son cœur pour se convertir à l'action apostolique.

La personne qui prie avec toutes les richesses et les possibilités de son histoire assumée dans l'action de grâce et l'espérance durant les trente jours des Exercices spirituels de saint Ignace de Loyola, devient libre et capable de suivre le Christ en aimant.

Suivre le Christ, c'est adhérer à sa personne en s'engageant profondément dans la voie de la Croix glorieuse et dans le royaume des béatitudes.

Le mystère pascal est l'horizon ultime de la rencontre du disciple avec le Christ qui, dans son combat rédempteur contre le mal, souffre, meurt et ressuscite.

La prière de trente jours à l'école de saint Ignace de Loyola décentre la personne qui fait les exercices spirituels de ses besoins immédiats pour les resituer dans la dynamique de la suite du Christ.

« Chacun doit penser qu'il progressera en toutes choses spirituelles dans la mesure où il sortira de son amour, de son vouloir et de ses intérêts propres » (Exercices spirituels n° 189).

La suite du Christ vient d'un appel du Père qui attire le retraitant à s'associer au mystère pascal du Fils à travers son désir de « perdre sa vie pour la trouver » (Matthieu 16, 24-26).

Prier selon la pédagogie de saint Ignace de Loyola, c'est se reconnaître comme une créature recevant la vie, le souffle, et le mouvement de Dieu (Actes des Apôtres 17, 28).

La prière est ainsi une création et une récréation de la personne humaine à travers l'expérience du mystère pascal.

L'expérience de Dieu est un acte d'abandon de la créature qui se reconnaît pauvre et humble de cœur devant l'insondable mystère du Dieu Trinitaire.

Prier consiste à s'unir au Christ pour se libérer de tout ce qui empêche la personne humaine de s'intégrer harmonieusement au corps du Christ qu'est l'Église.

Prier libère la personne humaine de tout ce qui l'aliène pour la rendre disponible à la mission prophétique, sacerdotale et royale du Christ.

La prière engage la personne qui fait les Exercices spirituels de trente jours dans l'aventure humaine et spirituelle de la mortification et de la croissance chrétienne.

L'itinéraire des Exercices spirituels est une pédagogie qui initie aux étapes de la croissance humaine du disciple de Jésus-Christ.

S'étonner d'exister est le premier pas dans l'expérience spirituelle pour découvrir que tout est don d'un Dieu bienveillant dont la bénédiction accompagne la personne croyante.

En relisant sa vie sous le regard de Dieu, le retraitant de trente jours s'émerveille et rend grâce au Dieu bon, créateur et recréateur de l'existence humaine.

En accueillant les dons de Dieu dans les limites de la faute, du péché et du refus de grandir, la personne croyante fait mémoire de la miséricorde de Dieu qui ne cesse de venir au secours de la faiblesse humaine.

La prière de la première semaine des Exercices spirituels purifie des passions de la chair et dispose la personne croyante à accueillir l'illumination qu'apporte la personne du Christ durant la seconde semaine des Exercices spirituels.

En contemplant longuement la personne du Christ, durant la seconde semaine des Exercices spirituels, le retraitant s'imprègne de son Esprit de sainteté, de justice et de compassion.

Le retraitant par une série de méditations élaborées par saint Ignace de Loyola parvient à l'élection, le choix de suivre le Christ dans un chemin particulier qui est le résultat de sa rencontre avec le mystère du Fils de Dieu incarné.

Les troisièmes et quatrième semaines des Exercices spirituels sont des chemins d'union à la personne du Christ qui offre sa vie pour l'œuvre du Père.

Le Christ en vivant son mystère pascal initie le retraitant à sa mission dans l'Église qui passe par la folie de la Croix (Première épître aux Corinthiens 1, 18-31).

Ainsi prier Trente Jours avec saint Ignace de Loyola prépare à « suivre le Christ » en s'associant à son mystère pascal.

La personne qui prie entre progressivement dans la logique pascale qui le décentre d'elle-même pour mener à la suite du Christ une existence livrée pour Dieu et pour les autres.

La prière de trente jours avec saint Ignace de Loyola s'enracine dans la vocation de la personne humaine à s'associer au projet de Dieu.

Le retraitant s'associe au projet de Dieu en consentant au réel de la vie qui exige l'acceptation de sa condition de créature dont le salut réside dans sa relation avec le Christ, Image et révélation du Dieu invisible qui libère de la tentation de se construire à partir de soi et des idoles du faux moi.

La retraite de trente jours avec saint Ignace de Loyola fait accéder à l'altérité d'un Dieu qui parle en communiquant ses pensées et ses voies (Isaïe 55,8 ; Romains 11, 33 ; Éphésiens 3, 18-19).

Le retraitant se laisse interpeller par la Parole de Dieu où émerge la relecture croyante de sa vie lui signalant les traces ineffaçables de son Créateur et Seigneur.

La prière de trente jours avec saint Ignace de Loyola permet à Dieu de se communiquer à la personne humaine à travers les Exercices spirituels et les pratiques d'une retraite accompagnée.

Quatre heures d'oraison par jour exposent le retraitant à l'écoute attentive de la Parole de Dieu, méditée ou contemplée en vue de donner sa vie pour le Christ et pour son règne.

Le retraitant prie avec sa mémoire, son intelligence et son affectivité.

L'usage de ces trois facultés de la personne humaine ravive le désir de rencontrer le Dieu trois fois saint de la tradition chrétienne.

L'évocation des dons de Dieu et le rappel des évènements du salut sur fond d'éternité de Dieu reliés au présent de la personne qui prie reconnaissent la présence de Dieu comme le foyer incandescent de la rencontre avec le Dieu vivant de la tradition chrétienne.

Ce Dieu vivant, libérateur et dispensateur des biens temporels et éternels s'est révélé de façon définitive dans la tradition chrétienne en Jésus-Christ, mort et ressuscité, source de salut et d'espérance.

C'est en comprenant les hauts faits de Dieu à l'intérieur de l'histoire du salut et en les reliant à son histoire personnelle que la personne qui prie s'éveille à l'Esprit de Dieu qui comble l'attente du cœur désirant et priant.

En priant avec son intelligence, le retraitant comprend mieux la Parole de Dieu à lumière de la foi qui s'émerveille devant les signes donnés dont l'interprétation révèle le mystère caché dans le texte médité et contemplé.

Dans le processus de la prière, l'affectivité profonde de la personne qui prie met en mouvement la mémoire et l'intelligence en vue de recueillir les fruits d'une rencontre inspirée par l'amour.

Les quatre oraisons quotidiennes entraînent le retraitant dans un parcours dynamique de l'histoire du salut où il est situé par rapport à son passé et à son avenir.

Temps de réflexion et de contemplation, les oraisons aident à l'appropriation personnelle de la Parole de Dieu à travers les lumières, les résistances, les conflits, les blessures, les libérations et les réconciliations.

Cette vie de prière soutenue par un accompagnement spirituel est adaptée au tempérament, au caractère et à l'histoire personnelle du retraitant.

La prière est pour le retraitant un temps de discernement pour assumer sa situation existentielle. Elle aide à ordonner la vie et à faire des choix en vue d'une intégration personnelle et sociale.

La prière est une attention au mystère de Dieu qui débouche sur un projet de collaboration avec Dieu.

En se mettant simplement et humblement en présence de Dieu, le retraitant entre dans une conversation spirituelle avec les personnes divines.

Comme un ami parle à un ami et comme un serviteur parle à son maître, le retraitant entretient les personnes divines de ses désirs, de ses préoccupations et de ses attentes.

En tant qu'initiation à la vie intime du Christ, manifestation du Fils de Dieu dans l'histoire humaine, la retraite de trente jours avec saint Ignace de Loyola met en contact avec le Père, le Fils et l'Esprit Saint à travers la fréquentation des saintes Écritures goûtées intérieurement dans le contexte de la vie de la personne humaine.

Cette familiarité avec les personnes divines entraîne sur le cœur humain de la personne qui prie la consolation.

Le Dieu Trois fois saint de Jésus-Christ est un Dieu d'amour, de tendresse et de miséricorde.

Ce Dieu qui est Père, Fils et Esprit Saint attire à lui le croyant qui le prie afin que son aventure humaine s'inscrive dans l'histoire du salut.

Ce Dieu est celui qui a bien voulu répandre son amour dans le monde par l'acte de la création où il œuvre continuellement pour le salut de l'humanité.

Par sa prière, à l'écoute des Saintes Écritures, le retraitant peut percevoir le Dieu Trinitaire à l'œuvre dans la création.

La vie intérieure du retraitant est alors sollicitée par l'expérience chrétienne de Dieu qui consiste à fixer son regard sur Jésus-Christ, l'image du Dieu invisible.

Jésus-Christ est le Fils de Dieu manifesté dans le mystère de l'incarnation. Il est cet homme humble et pauvre, glorifié dont la présence remplit tout l'univers.

Le retraitant ne peut rejoindre le Christ qu'en le servant à travers une élection où il entre dans la nouvelle alliance scellée par le Christ à travers son mystère pascal.

L'élection est le choix de vie libéré des attachements désordonnés qui permet au retraitant de servir le Créateur et Seigneur au quotidien d'une vie livrée soumise au discernement des esprits.

Les Exercices spirituels de saint Ignace de Loyola aident le retraitant à s'enraciner dans la création de Dieu avec les dispositions intérieures du « Principe et Fondement » (Exercices spirituels n° 23).

C'est dans le monde créé et à l'aide des créatures que le retraitant rencontre son Créateur et Seigneur dans la prière qui le conduit à l'aimer et à le servir dans la réalité de sa vie offerte à sa divine majesté.

L'expérience de la prière de trente jours avec saint Ignace de Loyola prépare le retraitant à accueillir le don de la création à la lumière de l'Esprit Saint qui fait découvrir la miséricorde d'un Dieu libérateur qui pardonne et qui invite à suivre son Fils incarné dans son mystère pascal.

Le retraitant qui rencontre le Christ, pauvre, humble et humilié durant les Exercices spirituels, au terme d'une élection pour la vie, livre sa vie en toute confiance aux personnes divines dans l'espérance de partager la mission du Fils dans l'Esprit Saint pour la gloire du Père.

La vie du retraitant devient apostolique et le monde créé devient le lieu de rencontre avec Dieu. Dieu parle au retraitant à travers les créatures et les créatures lui parlent de Dieu.

L'expérience religieuse de Dieu transforme le regard du retraitant qui reçoit le monde créé comme un don merveilleux d'un Dieu, Père, bon, bienveillant et miséricordieux toujours à l'œuvre dans sa création.

Ce Dieu qui s'affligeant dans son cœur par le péché humain, opère par miséricorde, la rédemption du genre humain (Exercices spirituels n°102-109).

En cherchant Dieu en toutes choses, le retraitant contemple par la foi, la présence et l'action invisibles de Dieu dans le monde créé.

Par sa prière contemplative, le retraitant rejoint Dieu qui sauve le monde créé en envoyant son Fils dont l'Esprit Saint associe ses disciples à l'œuvre du salut.

Par son élection, le retraitant s'engage dans une action quotidienne où le Seigneur contemplé l'accompagne comme si le succès dépendait entièrement de lui et en rien de Dieu. Mais l'examen de la vie quotidienne montre au retraitant que Dieu était aussi à l'œuvre dans le succès de son action apostolique.

CONCLUSION :

La personne humaine qui prie Trente jours avec saint Ignace de Loyola est d'abord un disciple de Jésus, poussée par l'Esprit Saint à franchir les étapes de la croissance spirituelle à l'invitation du Fils de Dieu.

La prière commence par un appel à une personne humaine à entrer dans l'amitié et dans l'intimité de Dieu à travers l'expérience de prière du Fils de Dieu.

C'est sur une invitation de Dieu que la personne humaine se décide généreusement à entrer en relation avec Dieu qui l'appelle par son nom.

Le goût de prier Trente Jours avec saint Ignace de Loyola peut naître d'un désir d'une véritable rencontre avec Dieu dans la solitude.

La personne qui porte en elle, ce désir fait la démarche de rencontrer Dieu pour goûter intérieurement l'amitié de celui qui l'appelle à une communion avec lui.

La prière chrétienne est une contemplation de Jésus le Christ qui fait entrer la personne humaine dans son expérience filiale du Père.

En se laissant conduire par l'Esprit de Dieu, la personne humaine qui prie écoute la Parole de Dieu qui lui donne la direction de sa vie.

En écoutant la Parole de Dieu, la personne qui prie, rend grâce, s'examine devant Dieu et se laisse transformer par ce qu'il voit, entend et regarde dans les Évangiles.

Les lumières et les inspirations de l'évangile loin de nourrir la curiosité humaine sur le mystère du Dieu Trinitaire préparent la personne qui fait les exercices spirituels à se tenir, pauvre, humble et émerveillée devant la Parole de Dieu proposée pour l'oraison.

L'oraison est le temps de rencontre avec le mystère du Dieu Trinitaire qui se révèle à travers les signes de sa présence.

La Parole de Dieu est l'un des signes de la présence du Dieu Trinitaire.

Prier Trente jours avec saint Ignace de Loyola est une préparation à vivre le quotidien en découvrant que le Dieu Trinitaire est à l'œuvre dans la création pour sauver et réconcilier l'humanité par l'Esprit qui purifie et embrase d'amour toutes réalités en voie de transformation vers un accomplissement plénier dans le Christ.

L'accompagnement spirituel et le lien social en Afrique au Sud du Sahara

L'Afrique au sud du Sahara représente actuellement une zone d'humanité où l'évangile planté, peut pousser, germer et donner des fruits abondants pour les communautés ecclésiales et pour l'ordre social.

La nouveauté de l'évangile avec ses valeurs contre-culturelles attirent beaucoup d'Africains au sud du Sahara. La foi au Christ prêchée par l'évangile donne une nouvelle identité aux chrétiens africains au sud du Sahara qui s'engagent activement dans le projet social multi-ethnique des églises locales.

Pour les africains au sud du Sahara, l'évangile est choisi indépendamment de l'appartenance sociale et culturelle et n'efface pas les valeurs d'humanité des sociétés et des cultures.

Les églises locales en Afrique au sud du Sahara sont des communautés multi-ethniques où se vit une unité entre les différentes personnes appelées dans le Christ à la réconciliation, à l'hospitalité et à la sainteté de vie.

L'accompagnement spirituel est une condition essentielle pour sculpter la nouvelle identité chrétienne dans les neurones des africains au sud du Sahara[1].

Relation d'aide, l'accompagnement spirituel est un temps d'écoute où la personne accompagnée raconte son histoire, parle de ses combats et questions et anticipe ses victoires pour intégrer la foi chrétienne dans son vécu quotidien. Ainsi à travers l'accompagnement spirituel l'expérience humaine vécue du quotidien se dit pour être écoutée avec bienveillance.

Les efforts pour la formation des disciples de Jésus doivent tenir compte des diverses spiritualités évangéliques[2] et des mentalités endogènes pour proposer l'accompagnement spirituel comme le lieu d'émergence du lien social de l'évangile vécu au quotidien.

L'évangile vécu au quotidien requiert un disciple accompagné qui s'éveille à la présence de Dieu en relisant et en évaluant son expérience de la croissance de la vie théologale dans ses relations à Dieu et aux membres de la communauté humaine.

---

[1] En s'engageant à la suite du Christ, les africains au sud du Sahara, grâce à l'évangile, modifient et remanient leur vision du monde et de l'histoire gravée dans leurs neurones.

[2] Les spiritualités évangéliques sont les manières de vivre le message du Christ par, saint Benoît, Saint François d'Assise, saint Dominique, saint Thérèse d'Avila, Saint Ignace et autres personnes influentes du christianisme historique.

La pratique de l'accompagnement spirituel[3] est une activité ecclésiale et une démarche entre deux personnes qui créent un milieu favorable aux entretiens réguliers entre un guide instruit, prudent et expérimenté[4] et une personne qui recherche la présence de Dieu à travers toute sa vie[5]en vue de déclencher le processus d'une transformation totale de l'existence par l'Esprit de Dieu.

En effet nul ne peut aller dans la vérité et dans la liberté à Dieu seul sans l'aide d'un accompagnant plus avisé des voies de Dieu[6].

L'accompagnant est un instrument de Dieu pour aider une personne baptisée à vivre les vertus théologales de foi, d'espérance et de charité[7].

L'accompagnant est la personne qui écoute ce que vit une personne accompagnée pour l'aider à mettre des mots sur son expérience théologale en facilitant la mise en œuvre de ce qui rejoint son ressenti de la volonté particulière de Dieu.

L'accompagnant mandaté par l'Église reçoit la mission d'aider la personne accompagnée en respectant son âge, son tempérament, sa sensibilité, son histoire, son intériorité et sa vocation particulière.

Le but de tout accompagnement spirituel est l'appropriation personnelle et singulière de la vie évangélique comme disciple du maître[8]Jésus, Seigneur et sauveur, en référence à la vocation baptismale dans un milieu familial, professionnel, social et ecclésial.

L'accompagnement spirituel porte sur la manière de vivre, de prier et de se relier aux autres et à Dieu, l'accompagnant par excellence[9].

Dieu accompagne le disciple par le Christ dans l'Esprit Saint[10].

---

[3] L'accompagnement spirituel consiste à aller avec quelqu'un à la recherche de la volonté de Dieu dans sa vie personnelle, sociale et spirituelle.
[4] PH. MADRE, *Être guide spirituel*, Béatitudes, 2000.
[5] « Plus que jamais nous avons besoin d'hommes et de femmes qui, à partir de leur expérience d'accompagnement, connaissent la manière de procéder, d'où ressortent la prudence, la capacité de compréhension, l'art d'attendre, la docilité à l'Esprit, pour protéger tous ensemble les brebis qui se confient à nous, des loups qui tentent de disperser le troupeau » Pape François. Exhortation apostolique *EVANGELII GAUDIUM* (171).
[6] MARIETTE CANÉVET, *Le discernement spirituel à travers les âges*, Cerf, 2014.
[7] Alain MATTHEEUWS, *L'accompagnement spirituel, mode d'emploi*, ARTÈGE, 2014.
[8] PHILIPPIENS 2,5.
[9] André LOUF, *La grâce peut davantage, l'accompagnement spirituel*, DDB, 1992.
[10] Jean 6, 44.

Pour parler de l'accompagnement spirituel, nous pouvons utiliser la métaphore suivante : Dieu, le maître de la moisson[11], appelle la personne accompagnée comme une terre labourée en qui le Christ plante la semence de son évangile et l'Esprit Saint arrose continuellement le sol ainsi préparé et l'accompagnant humain veille à ce que la semence germe, pousse et donne du fruit.

A travers l'accompagnant humain, la personne accompagnée s'éveille à la source de toute vie spirituelle qui est le Dieu trois fois saint de la révélation chrétienne[12].

L'écoute et la mise en pratique de la Parole de Dieu occupent une place importante dans les entretiens spirituels fréquents et réguliers entre l'accompagnant et la personne accompagnée.

L'accompagnement spirituel est un ministère de consolation où la personne aidée est accueillie et encouragée, interpellée, soutenue et confirmée dans les choix qui correspondent au ressenti de la volonté particulière de Dieu à discerner.

L'accompagnement spirituel est un lieu de discernement de la volonté de Dieu où la personne aidée prend davantage conscience de ses réponses aux appels de Dieu suscités par son Esprit[13]dans la vie quotidienne.

Quelle est l'utilité pratique de l'accompagnement spirituel ?

Quelles sont les expériences heureuses d'accompagnement spirituel qui ont façonné cet art d'écoute, de discernement, d'encouragement et de confirmation ?

En quoi l'accompagnement spirituel diffère-t-il de tout autre accompagnement et quelle est sa pratique dans le contexte de l'Afrique au sud du Sahara ?

L'accompagnement spirituel à travers les entretiens réguliers explore toutes les dimensions de la vie de la personne aidée[14].

Les relations humaines, le travail, la sexualité, les besoins quotidiens, l'affection, la prière personnelle, la prière liturgique, les lectures, les loisirs, les vertus, les vices, les engagements citoyens sont des sujets de conversation durant le temps de l'accompagnement spirituel.

---

[11] Luc 10, 2.

[12] Jean LAPLACE, *la direction de conscience ou le dialogue spirituel*, Mame, 1965.

[13] 1 Corinthiens 6, 18. Galates 5, 22.

[14] W.A. BARRY&W.J. CONNOLLY, *La pratique de la direction spirituelle*, DDB, 1988.

L'accompagnant est attentif à la manière de vivre de la personne accompagnée en lui donnant l'occasion de formuler à travers la conversation ce qui émerge de son expérience quotidienne comme lumière et force intérieures.

Ce qui émerge de l'expérience de la personne accompagnée à travers la réflexion ou la prière ne peut être qu'une proposition qui demande à être ajustée aux réalités de la vie quotidienne.

C'est dans le travail d'écoute et dans le dialogue avec la personne accompagnée que se révèle le mystère de l'enfant de Dieu[15] qui est devant l'accompagnant, comme un frère ou une sœur en quête de la présence de Dieu dans sa vie.

La quête de la présence de Dieu [16]est le fruit de tout accompagnement spirituel. Il est un don que reçoit la personne accompagnée dans sa prière silencieuse quotidienne et dans sa discipline pour se dépouiller de sa volonté propre.

C'est en se laissant inspirer par Dieu que la personne accompagnée mène une vie tournée vers la révélation chrétienne qui conduit à l'amour de Dieu et du prochain.

1. L'utilité pratique de l'accompagnement spirituel

L'accompagnement spirituel est l'aide précieuse et délicate que reçoit un croyant dans son cheminement personnel avec le Dieu révélé par les évangiles.

L'aide spirituelle consiste en entretiens réguliers avec l'accompagnant qui écoute et discerne la manière dont la personne accompagnée vit son quotidien.

Cette aide spirituelle est utile à ceux qui se préparent aux ministères dans l'Église et à ceux qui prennent au sérieux leur vie spirituelle.

Les responsables de l'Église ont besoin d'accompagnement spirituel et de supervision pour assumer fidèlement leur mission.

[15] « Le mystère de l'homme ne s'éclaire vraiment que dans le mystère du Verbe incarné. Adam, en effet, le premier homme, était la figure de celui qui devait venir, le Christ, Seigneur. Nouvel Adam, le Christ dans la révélation même du mystère du Père et de son amour, manifeste pleinement l'homme à lui-même et lui découvre la sublimité de sa vocation » (GAUDIUM et SPES 22).

[16] Trouver Dieu en toutes choses est le but de l'accompagnement spirituel dans la spiritualité de saint Ignace de Loyola. Une expérience où l'on goûte intérieurement la présence de Dieu à travers ses sens, son esprit et son cœur.

Des personnes en crises ou en transition sociale[17] ont besoin d'accompagnement spirituel pour faire face aux défis de leur vie.

L'accompagnant est entraîné à écouter, à discerner et à réagir avec foi aux situations humaines dont la complexité n'échappe pas à sa foi et à sa sagesse.

L'accompagnant est une personne libre capable d'empathie et ayant l'art d'interpréter et de clarifier les signes de la présence de Dieu dans une vie humaine[18].

La prière est la préoccupation majeure des personnes qui demandent à être accompagnées.

Certaines personnes accompagnées souffrent de ne pas pouvoir prier, d'autres font l'expérience de l'aridité spirituelle et la plupart se découragent après des tentatives de prières continuelles suivies de distractions.

Le rôle de l'accompagnant est d'aider les personnes accompagnées à avoir un authentique esprit de prière fondé sur l'humilité, la simplicité et la confiance en Dieu.

Toute vie avec Dieu commence avec la connaissance de soi. Se connaître est un facteur d'équilibre dans la vie spirituelle. Pour se connaître, on est contraint par l'altérité. On ne se connaît qu'en relation avec l'autre ou le tout-autre. L'attachement à l'autre laisse les traces durables dans les neurones. Il faut habiter son corps, lieu de sa présence au monde et entrer en interaction avec son environnement. Il faut être capable de symboliser en entrant dans l'univers du langage et des signes arbitraires pour se dire, se construire en cherchant en soi les forces de résilience pour les épreuves de la vie et les traumatismes de l'existence humaine.

Se connaître et s'accepter font partie du processus d'apprivoisement de soi pour éviter les masques, les projections et les complexes.

Il faut s'ouvrir à sa vulnérabilité en découvrant les ombres de sa personnalité et en produisant un sens à son existence, sans être prisonnier de son passé et de ses projections.

Accepter les autres tels qu'ils sont est une manière réaliste de vivre en composant avec l'originalité et la singularité de ses frères et sœurs.

---

[17] Le passage d'une vie à une autre exige une attention particulière pour déterminer un nouveau sens à ses engagements.

[18] L'accompagnant doit être une figure sécurisante qui permet à la personne accompagnée de reconstruire le récit de sa vie en anticipant son passé et son futur dans une œuvre de transcendance.

Se réformer en se disciplinant exige une attention à des habitudes et passions qui ne conduisent pas à une vie vertueuse, sincère, courageuse et libératrice.

La vie spirituelle à travers un accompagnement personnalisé ne se limite pas à un individu isolé de son contexte socio-culturel.

En Afrique subsaharienne, l'influence de la sagesse des Ancêtres et les manières propres de se relier au monde visible et invisible déterminent les personnalités négro-africaines et les mystiques de communion de ceux qui sont modelés par ce milieu affectif et culturel[19].

La dimension socio-culturelle de la personne accompagnée exige que l'accompagnant connaisse la mentalité ambiante[20], les coutumes[21] et le mode de vie[22] du lieu d'accompagnement spirituel.

L'accompagnement spirituel en Afrique au sud du Sahara ne peut se contenter d'une rencontre en un lieu symbolique d'écoute come un bureau ou un oratoire. Mais l'accompagnant tout en accueillant la personne accompagnée dans le lieu d'entretiens, doit être imprégné de la vie sociale de la personne accompagnée pour mieux interpréter ses liens complexes de parenté et les coutumes de son environnement immédiat.

L'accompagnant dans son écoute du subsaharien doit être attentif aux personnes qui ont un lien privilégié de parenté avec la personne accompagnée pour mieux comprendre la complexité des relations sociales de la personne accompagnée et ses obligations culturelles.

Le sens de la famille qui est un trait culturel caractéristique des africains au sud du Sahara ne doit pas être ignoré dans l'accompagnement spirituel.

La beauté de l'amour familial est le fondement de l'ecclésiologie de la famille de Dieu où tous sont frères et sœurs, sans distinction de statut social ou d'appartenance religieuse.

La fraternité inclusive des africains au sud du Sahara milite pour un accompagnement spirituel enraciné dans les cultures africaines de la communion et de la solidarité qui n'excluent personne du champ des relations humaines.

---

[19] Joseph KI-ZERBO, « La personnalité négro-africaine » https:// jstor.org

[20] La mentalité ambiante est la vision du monde véhiculée par la manière de parler.

[21] Les coutumes sont les règles de vie commune transmises par la tradition familiale et clanique.

[22] Le mode de vie de vie quotidien est l'ensemble des activités sociales et les relations complexes de parenté avec leurs obligations.

En incarnant les valeurs africaines dans les spiritualités évangéliques, l'accompagnement spirituel deviendra en Afrique au sud du Sahara un moyen efficace pour vivre l'évangile au quotidien.

L'accompagnement spirituel des personnes consacrées en Afrique au sud du Sahara explore les difficultés et les joies de la vie de prière, de la communion fraternelle et de l'apostolat.

L'accompagnement spirituel des personnes consacrées vérifie si la vie par les vœux est au service des autres en renforçant la communion, la réconciliation et la solidarité.

La personne consacrée accompagnée recherche tout au long de son cheminement, la bonne manière de prier et la persévérance dans la prière.

Elle recherche à toutes les étapes de sa vie théologale, la meilleure façon d'accueillir les membres de sa communauté malgré les différences de tempéraments, d'histoires personnelles et de cultures.

L'apostolat quel qu'il soit requiert la bonté humaine pour faciliter les contacts qui approprient l'évangile au quotidien.

L'accompagnement spirituel est pour les personnes consacrées le lieu d'évaluation de leur vie personnelle, communautaire et ministérielle.

La vie personnelle porte sur la communion avec Dieu dans la prière silencieuse et solitaire et la liturgie.

La prière solitaire et liturgique initie la personne consacrée à la contemplation du Christ dont les attitudes affectent la personne consacrée qui devient le reflet contextualisé de la présence du Christ dans son milieu.

Une prière contemplative véritable s'ouvre à l'expérience de l'amour fraternel vécu au quotidien comme l'amour de Dieu, reçu, accueilli et offert.

Cet amour fraternel en s'élargissant devient une mission pour rendre présente la lumière du Christ en dehors de la communauté fraternelle.

Ainsi l'apostolat devient le prolongement de la contemplation de la vie du Christ partagée dans une communauté restreinte et diffusée dans une zone d'humanité plus large.

L'accompagnement spirituel des personnes consacrées suscite trois questions :

1. Quel est l'impact de la prière contemplative dans la communion des personnes consacrées à Dieu ?
2. Comment vérifie-t-on que la qualité de l'amour fraternel est le signe d'une communion personnelle avec Dieu ?
3. Comment cultiver la bonté humaine en vue d'un apostolat plus fructueux ?

Les réponses à ces trois questions vont contextualiser la pratique de l'accompagnement spirituel pour les personnes consacrées.

Les laïcs accompagnés qui suivent le Christ sur les chemins de l'évangile dans la famille et dans la cité ont à contempler le Seigneur de la vie selon leur vocation particulière. Ils doivent trouver dans leur vie trépidante des temps de prière personnelle pour contempler le Christ et laisser les mouvements intérieurs de leur cœur orienter les choix décisifs de leur vie familiale, professionnelle et sociale. Sans la dimension contemplative de leur vie, leurs engagements familiaux, professionnels et sociaux risquent d'être superficiels, fluctuants et sans profondeur.

L'accompagnement spirituel des laïcs doit encourager l'immersion en Dieu qui est l'origine de tout et en qui tout trouve sa raison d'être.

Les laïcs engagés sont souvent confrontés aux défis de la famille et de la cité.

Dans une société stressée, superficielle et fragile, les laïcs engagés en Afrique au sud du Sahara manquent d'accompagnement spirituel pour vivre une expérience profonde et stable de la communion avec Dieu et avec le prochain.

Les conflits intermittents en famille et les difficultés relationnelles au travail entravent l'expérience d'une vie de communion fraternelle et de partage avec le prochain.

L'apostolat des laïcs engagés dans leurs milieux de vie familiale et professionnelle n'est pas suffisamment soutenu par la prière contemplative. Les laïcs engagés ont moins d'emprise sur les institutions politiques, économiques et sociales en Afrique subsaharienne. Ils mènent souvent une vie où leur foi entre peu dans le forum public.

L'accompagnement spirituel des laïcs engagés doit tenir compte de la spécificité de leur vocation baptismale en insistant davantage sur leurs rôles de bâtisseurs de la famille et de la cité.

Les laïcs en Afrique subsaharienne doivent davantage se mobiliser pour contribuer au développement des peuples maintenus dans une économie de subsistance malgré l'expansion mondiale des sciences et technologies qui devraient faciliter la prospérité.

Les valeurs de l'évangile comme la communion avec Dieu, la communion fraternelle, le service désintéressé, le partage équitable, la solidarité dans l'amour fraternel peuvent guider les laïcs dans leurs choix pour la famille et la société en Afrique au sud du Sahara.

2. Les expériences heureuses et malheureuses d'accompagnement spirituel comme illustrations du travail d'écoute patiente menant la personne accompagnée à une décision reflétant la volonté de Dieu au quotidien

Trois expériences heureuses d'accompagnement spirituel me viennent à l'esprit.

Un jeune homme de dix-neuf ans après son baccalauréat de l'enseignement du second degré et les premières années à l'université me demanda de l'accompagner dans le discernement de sa vocation.

Ce jeune homme était né dans une famille chrétienne et pensait vaguement à la vie religieuse dont il ne savait pratiquement rien.

L'idée de la vie religieuse est née de ses lectures où il percevait ce genre de vie comme une manière de servir Dieu avec un cœur sans partage.

En l'écoutant, je découvre que ce jeune homme était studieux, intelligent, généreux, introverti et peu engagé dans les activités paroissiales.

Je lui ai suggéré d'entrer dans le groupe de vocation de sa paroisse tout en continuant à me rencontrer à la fin de chaque mois pour l'accompagnement spirituel.

Au cours de nos entretiens, il me révéla que sa vie spirituelle se réduisait à quelques actes occasionnels de piété et de dévotions et qu'il avait du mal à s'intégrer à son groupe de vocation.

Ce jeune homme n'avait aucun goût pour la prière personnelle en dépit des suggestions de prières guidées.

Dans les réflexions sur les exigences de la vie religieuse, l'aspirant à la vie consacrée, trouvait la discipline de l'Église insupportable, ringarde et d'un autre âge.

Après une année d'accompagnement spirituel, le jeune homme décida par lui-même de ne plus penser à la vocation religieuse afin de se concentrer sur ses études à l'université qui le passionnaient et lui offraient davantage des perspectives d'un service professionnel à la société.

L'accompagnement spirituel a été pour ce jeune homme une occasion heureuse de clarifier sa vocation particulière en prenant conscience de sa fausse représentation de la vie religieuse qui ne correspondait en rien à ses aspirations et à ses dons.

L'accompagnement spirituel a creusé en lui le désir de prier d'une manière plus structurée pour s'ouvrir aux surprises de Dieu.

Une jeune femme de vingt-six ans à la suite du décès brutal de son époux me demanda de l'accompagner dans le cadre de sa vie de maman veuve ayant à charge l'éducation de ses deux filles de huit ans et de six ans.

Au début de l'accompagnement spirituel, la préoccupation de cette veuve était d'offrir une figure paternelle à ses deux filles qui vivent mal l'absence de leur père défunt auquel elles étaient attachées.

Après l'accompagnement spirituel d'une année, elle décida après avoir longuement prié sur 1Corinthiens 7 de ne pas se remarier.

L'accompagnement spirituel lui a permis de prendre la décision de consacrer le reste de sa vie à ses deux filles sans l'instrumentalisation d'un père fictif à ses deux filles

La troisième expérience heureuse d'accompagnement spirituel est celle d'une religieuse, qui attirée par la proximité avec les pauvres, a décidé de quitter son institut religieux pour un institut plus engagé au côté des pauvres et des personnes en précarité sociale.

Ces trois expériences d'accompagnement spirituel ont en commun la recherche de l'authenticité d'un appel de Dieu à discerner et à trouver dans la réalité concrète de la vie quotidienne.

A côté des expériences heureuses d'accompagnement spirituel débouchant sur des décisions salutaires, évoquons trois autres expériences moins heureuses.

Christophe est un chrétien de quarante ans à l'esprit collectiviste attaché à la tradition des anciens de son village. Ouvrier d'une entreprise urbaine, il considérait ses revenus mensuels comme une part des ressources familiales et en font profiter largement, oncles, tantes, cousins, cousines, neveux et nièces du village. Soumis aux impératifs du clan, Christophe n'était pas un chrétien épanoui malgré ses prières de dévotion et son engagement paroissial. Il demanda d'être accompagné, mais ne trouvait pas du temps pour réfléchir et prier à cause des visites fréquentes des membres de son clan et des évènements familiaux.

Sophie est une chrétienne pieuse de trente ans, enseignante dans un lycée technique de la ville. Elle aspirait à fonder un foyer chrétien avec un homme sérieux et responsable. Mais ses meilleurs amis sont des hommes mariés qui s'intéressent à elle comme une partenaire sexuelle occasionnelle. Elle décida de se faire accompagner pour échapper à l'emprise des hommes mariés, mais son goût de la vie facile, son attraction sexuelle pour les hommes mariés et sa perception de la sexualité comme un appétit physique irrésistible ne lui laissèrent aucune chance de s'arracher aux plaisirs instantanés que procurent les rencontres amoureuses sans engagement pour la vie.

Sœur Armande est une religieuse engagée pour la cause de la promotion féminine en milieu urbain. Exerçant le métier d'assistante sociale, sœur Armande est en contact avec des personnes ayant toutes sortes de situations déshumanisantes : précarité, violences conjugales, abus de mineurs, violence des adolescents… Ne sentant pas le soutien de son institut religieux, elle décide de quitter la vie religieuse pour fonder une organisation -non gouvernementale pour lutter contre l'injustice faite aux femmes en situations de précarité sociale. Elle demanda un accompagnement spirituel plus pour justifier son choix que pour chercher la volonté particulière de Dieu sur elle.

Les expériences malheureuses d'accompagnement spirituel sont souvent le résultat d'une insuffisance de vie intérieure pour se mettre à l'écoute de la Parole de Dieu et la difficulté à trouver un temps de qualité pour converser avec Dieu dans la foi et l'espérance.

Le manque de discipline personnelle et les passions de l'âme peuvent entraver l'accompagnement spirituel. La rigidité dans la représentation de sa situation peut être aussi un obstacle au dialogue fraternel. En effet, l'environnement social joue un rôle important dans le discernement de la volonté de Dieu.

La Parole de Dieu accueillie dans la foi et dans l'espérance est la force intérieure qui permet aux personnes aidées dans l'accompagnement spirituel de vivre selon leur expérience et leur conscience. L'accompagnement spirituel permet d'identifier et de nommer les illusions sur soi, les possibilités et les options capables de stimuler une vie généreuse au service de Dieu et du prochain dans le corps mystique de l'Église.

3. L'accompagnement spirituel et les autres formes d'accompagnement dans le contexte des communautés ecclésiales en Afrique au sud du Sahara

L'accompagnement spirituel porte sur la vie avec Dieu et le prochain.

La vie avec Dieu se construit et se reçoit à travers la Parole de Dieu qui interpelle le croyant à discerner et à trouver la volonté de Dieu dans sa vie quotidienne.

La méditation des mystères du Christ est le temps d'appropriation de la manière de vivre du Christ pour l'intégrer dans ses conduites quotidiennes.

L'accompagnement spirituel de longue durée requiert que la personne accompagnée prie chaque jour à partir d'un texte biblique qui guide sa recherche de la volonté de Dieu.

La personne accompagnée partage son expérience de prière en une heure avec l'accompagnant, à la fin de chaque mois en soulignant les lumières reçues et les éventuelles résistances à certaines interpellations.

La prière contemplative inspirée des *Exercices spirituels* de Saint Ignace de Loyola vise à transposer le contenu du récit dans la vie quotidienne pour en tirer des fruits ou des interrogations lumineuses.

En Afrique au sud du Sahara, l'accompagnement spirituel est très souvent occasionnel.

Les personnes affligées, porteuses d'interrogations et de questions existentielles peuvent solliciter un temps d'écoute pour se soulager des fardeaux et épreuves de la vie sans pourtant entrer dans une démarche d'accompagnement spirituel de longue durée.

Les hommes et les femmes en Afrique au sud du Sahara préfèrent confier des intentions de prières à leurs accompagnants sans manifester le désir d'approfondir leur vie théologale.

Or l'approfondissement de la vie théologale requiert l'accompagnement spirituel où à travers la contemplation de l'évangile, la personne accompagnée parvient à entrer dans les attitudes du Christ et à opter pour les valeurs du règne de Dieu, sans hésitation et sans confusion.

L'accompagnement spirituel initie au discernement[23] et pose les fondements pour un combat spirituel[24] à la suite du Christ.

Les hommes et les femmes en Afrique au sud du Sahara ne doivent pas confondre l'accompagnement spirituel avec la recherche d'une thérapie axée sur la guérison.

Lorsqu'une personne souffre d'un mal dont les symptômes sont repérables[25], le choix d'une thérapie s'impose dans le cadre d'un accompagnement cognitif, comportementaliste, psychologique, pastoral ou analytique.

L'accompagnement spirituel est une demande de croissance spirituelle dont le fondement essentiel est le désir de reproduire la vie du Fils de Dieu en soi.

Ce désir ne peut se développer que dans la durée, dans la discipline et dans la capacité à rendre compte de son expérience humaine et spirituelle à un interlocuteur choisi au sein d'une spiritualité évangélique.

L'accompagnant ne peut être qu'un témoin en face d'une personne accompagnée libre, autonome et responsable de ses attitudes et choix de vie.

L'aide de l'accompagnant est orientée vers l'effectivité de l'amour de Dieu et du prochain.

L'accompagnement spirituel en Afrique au sud du Sahara doit tenir compte du rapport entre la culture endogène et la pratique de la vie chrétienne.

Même baptisés, la plupart des africains au sud du Sahara restent attachés à des cultes[26] en l'honneur de leurs parents défunts qui exercent comme ancêtres une influence spirituelle sur leur quotidien.

L'héritage familial des rites de passage[27] et de cérémonies évoquant la mémoire des ancêtres imprègnent l'inconscient collectif des africains au sud du Sahara[28].

---

[23] Le discernement est la capacité à distinguer le bien du mal, du bien apparent du bien véritable.

[24] Le combat spirituel implique une lutte contre les tentations, le péché, le Malin et les illusions de l'égo.

[25] Les symptômes peuvent être intrapsychiques ou relationnels.

[26] Les cultes dont il est question sont des rites funéraires qui intègrent les défunts dans l'assemblée ancestrale afin qu'ils produisent des effets bénéfiques sur leur progéniture.

[27] Les rites de passage sont des cérémonies initiatiques qui débouchent sur l'intégration de l'individu à la tradition familiale et clanique. Ils comprennent les rites de naissance, de puberté, de mariage, d'accession aux rôles sociaux, de passage de la mort à l'assemblée des ancêtres.

[28] Marcel JOUSSE, *L'anthropologie du* geste, Paris, RESMA, 1969.

L'accompagnement spirituel en Afrique au sud du Sahara doit intégrer à la pratique chrétienne l'expérience familiale et clanique de la personne accompagnée solidaire de son milieu socio-culturel.

L'expérience spirituelle africaine privilégie la famille ou le clan comme lieu d'appartenance sociale. Reliés à leurs ancêtres et à leurs parents, les africains au sud du Sahara pourront sans trahir les valeurs de leurs milieux socio-culturels vivre la pratique de l'accompagnement spirituel comme un instrument holistique de leur maturité dans la vie théologale.

Conclusion

L'accompagnant en écoutant la personne aidée à travers le partage de sa prière et de son expérience humaine, devient, par son recours à l'Esprit Saint, l'instrument du Père et du Fils dans l'édification de sa vie théologale.

La Parole de Dieu méditée, vécue et partagée dans le milieu socioculturel de la personne aidée constitue le lieu du discernement de ce qui rejoint la volonté particulière de Dieu.

L'accompagnement spirituel en Afrique au sud du Sahara est un moyen efficace pour incarner le message évangélique dans la personne accompagnée solidaire de son milieu socio-culturel.

L'accompagnement spirituel est à la fois un dialogue avec la personne accompagnée et un dialogue avec son milieu socio-culturel.

Sans être dissocié du milieu socio-culturel, l'accompagnement spirituel est un moyen efficace pour rechercher la communion avec Dieu à travers la contemplation de l'évangile.

Inspiré par l'évangile, la personne aidée à travers l'accompagnement spirituel découvre son lien ineffable avec le Père, dans le Fils, par l'Esprit Saint. Il recueille du Père, du Fils et de L'Esprit Saint, la force intérieure et la lumière pour transformer sa vie au sein d'une société humaine.

L'accompagnement spirituel rend Dieu présent dans une existence humaine à travers la communion avec les autres (Jean 13, 34). C'est en aimant davantage que la personne accompagnée devient une parabole pour ses contemporains.

L'accompagnement spirituel institue un lien social entre l'accompagnant et la personne accompagnée au sein du corps mystique de l'Église. Tous les deux, accompagnant et personne accompagnée, interprètent leur expérience de la condition humaine à travers le lien social de la culture ambiante.

Faire de la théologie agenouillée

Le terme « théologie contemplative, agenouillée » est de Hans Urs von Balthasar (1905-1988)[1].

Ce terme invite toute personne qui étudie la théologie à la ferveur de l'amour, à l'éblouissement, à l'émerveillement et à l'adoration devant le mystère de Dieu.

La théologie, parole sur Dieu ne peut se déployer qu'à genoux en parlant à Dieu à travers sa Parole incarnée, Jésus Christ, l'image du Dieu invisible et le Fils de l'homme qui s'extériorise dans l'histoire humaine.

Selon Hans Urs von Balthasar Jésus Christ est le premier théologien qu'il faut écouter : « Celui-ci est mon Fils bien aimé : écoutez-le ! » (Matthieu 17, 5).

C'est en demeurant dans la Parole du Fils contemplé dans la prière intense, fervente et persistante que l'on parvient à la vérité (Jean 8, 32).

Le terme « théologie contemplative agenouillée » convient à toute personne qui étudie la théologie en vue du ministère pastoral.

En « théologie contemplative agenouillée » , l'émerveillement, l'admiration, l'esprit d'adoration et la révérence sont les sentiments religieux que l'on cultive devant le mystère du Dieu insaisissable de la révélation chrétienne qui se dévoile dans la personne et l'agir du Verbe incarné .

C'est entrant dans une intimité contemplative avec le Seigneur de la croix et de la gloire que tout étudiant en théologie s'ouvre et s'offre au mystère insondable du Christ en explorant et en approfondissant la révélation qu'il fait de l'amour du Père au cœur du monde.

Les Pères de l'Église, dans leur théologie contemplative agenouillée ont été les phares dans l'élaboration de leurs décisions conciliaires et dans la création des dogmes ecclésiastiques pour défendre la foi en Jésus Christ au contact des traditions, des mentalités et des systèmes philosophiques dominants de leur temps.

Témoins vivants de l'expérience de foi et de l'expérience ecclésiale, les Pères de l'Église, inspirés par les Écritures canoniques dans leur quête intellectuelle du Dieu révélé en

[1] Hans Urs von Balthasar est un théologien prolifique du XXème siècle qui a produit au moins 48 livres, 529 articles sans compter les préfaces, les postfaces, les traductions et les anthologies. *Théologie et Sainteté. Introduction à Hans Urs von Balthasar* de Mgr Philippe Barbarin, Éditions Parole et Silence, CERP, Paris, 1999 offre une porte d'entrée à l'œuvre immense de Hans Urs von Balthasar.

Jésus Christ ont cru pour comprendre et ils ont compris pour croire et dialoguer avec les courants d'esprit de leur temps.

Comment faire la théologie contemplative agenouillée ?

En quoi consiste aujourd'hui la théologie contemplative agenouillée ?

Quel est l'intérêt de la théologie contemplative agenouillée dans le dialogue critique avec nos contemporains ?

1. Comment faire la théologie contemplative agenouillée

L'étude de la théologie ne doit pas être séparée de la vie dans l'Esprit. En effet, la bonne théologie est une expérience spirituelle et spéculative qui intègre les divers aspects du savoir humain.

La personne qui étudie la théologie a acquis au cours des étapes antérieures de sa formation humaine, spirituelle, philosophique et professionnelle, la maturité nécessaire et l'imprégnation dans la culture contemporaine, pour être exposée à l'exégèse critique, à la recherche historique et aux méthodes d'interprétation des textes.

La bonne théologie est celle qui surmonte l'opposition entre foi et raison. C'est une théologie à la fois théologale et pascale.

Cette théologie ne peut se construire qu'avec une vaste culture contemporaine en dialogue avec les sciences, les religions, les arts et la littérature.

La bonne théologie vise à promouvoir une réflexion sous forme de confessions, de témoignages et de systèmes de pensée de la foi, pertinents pour l'activité pastorale.

La bonne théologie met des mots justes et appropriés sur la mission terrestre de Jésus en lien avec le tragique de la condition humaine. Elle offre des pistes de réflexion, utiles pour l'action pastorale afin de faire accéder à la vie nouvelle dans le Christ, ceux qui s'attachent à la personne et au message de Jésus, le Fils unique du Père, envoyé pour réconcilier l'humanité séparée de Dieu.

La théologie pour être authentique ne peut qu'être agenouillée. Ceux qui faisaient de la théologie contemplative agenouillée étaient les Pères de l'Église, les saints pasteurs des huit premiers siècles de l'Église comme Clément de Rome, Clément d'Alexandrie, Ignace d'Antioche, Irénée, Origène, les Pères cappadociens[2], Athanase, les deux Cyrille, Épiphane, Théodore de Mopsueste, Chrysostome, Théodoret, Hilaire, Ambroise, Augustin, Cyprien, Fulgence, Isidore, Léon, Grégoire, et tous les autres docteurs qui ont façonné le vocabulaire chrétien.

Les Pères de l'Église sont témoins de la genèse de la théologie comme méditation en profondeur de la sainte Écriture. Leur langage théologique est façonné par leur fréquentation studieuse et priante des Écritures.

Liée à leur action pastorale, la théologie des Pères de l'Église était moins compartimentalisée et jaillissait de l'unité des deux Testaments.

La théologie contemplative agenouillée est le retour au premier millénaire de l'Église, riche en commentaires de livres bibliques et en ouvrages soutenant la vitalité de l'Église.

Une théologie contemplative agenouillée ne consiste pas à prier intensément à côté de la quête intellectuelle du mystère de Dieu. Ce serait une dichotomie schizophrénique de l'activité théologique.

Mais la théologie contemplative agenouillée est un ressourcement dans le travail intellectuel, spirituel et pastoral des Pères de l'Église qui ont interprété de diverses manières la révélation avec l'authenticité des commencements dans le cadre de la prédication, l'administration des sacrements et le dialogue avec les spiritualités ambiantes de leurs cultures.

Aucune théologie authentique ne peut se passer des Pères de l'Église qui sont plus proches de l'évènement du Christ. Malgré la distance culturelle, Les Pères de l'Église demeurent la source d'où jaillissent les premières interprétations de la révélation chrétienne.

Les Pères de l'Église sont les géants de la foi dignes de notre attention. Leur théologie naissait de leur relation au Christ ressuscité donnant l'Esprit Saint pour faire connaître le mystère du salut et de la rédemption.

La profondeur des écrits théologiques des Pères de l'Église est liée à leur histoire personnelle de pasteurs de l'Église, soucieux de mettre à la disposition des fidèles des textes de portée spirituelle pour encourager leur suite du Christ. Leur motivation est de connaitre et de faire connaître la valeur historique de la révélation chrétienne. Les lumières qu'ils projettent

[2] Basile, Grégoire de Nazianze, Grégoire de Nysse.

sur la révélation chrétienne transfigurent l'essentiel du message des évangiles synoptiques dans le contexte de leurs cultures.

Inspirés par les traditions Johanniques et Pauliniennes, ainsi que les autres écrits canoniques du corpus scripturaire, les Pères de l'Église ont produit d'admirables théologies authentiques du Nouveau Testament.

Faire la théologie contemplative agenouillée, c'est découvrir dans les textes des Pères de l'Église, leurs théologies bibliques du Nouveau Testament.

Les théologies bibliques des Pères de l'Église approfondissent la compréhension des paroles et des actes de puissance de l'Évangile en révélant le type d'homme qu'est Jésus.

Selon Xavier Léon-Dufour, Pour les Pères de l'Église, Jésus est homme-Dieu qui entraîne des volontaires à sa suite.

Avec Jésus, le règne de Dieu est tout proche (Marc 1, 14-15 ; Matthieu 10, 7 ; Luc 10, 9. 11)[3].

Dieu agit en Jésus pour apporter à l'humanité, la paix, la joie, la guérison, la protection et la libération.

En Jésus de Nazareth, le salut est offert à l'humanité car les puissances du mal sont vaincues par l'action pastorale du Fils de l'homme qui triomphe de l'adversaire qui contrarie le dessein de Dieu (Marc 5, 11-20, Marc 4, 36-41).

Les Pères de l'Église ont interprété les actes de puissance de Jésus comme des signes de la présence active de Dieu[4].

Ces actions symboliques inaugurent le règne de Dieu pour les pauvres, les malades et les possédés exorcisés.

Pour les Pères de l'Église, Jésus de Nazareth manifeste la présence de Dieu en agissant à la place de Dieu pour ses contemporains, non comme un exécutant mais comme un envoyé qui réalise en plénitude les œuvres du Père.

---

[3] R. Schnakenburg, *Règne et Royaume de Dieu*(tra. Fr.), L'Orante, 1965.
[4] Xavier Léon -Dufour, *Les miracles de Jésus selon le Nouveau Testament*, Seuil, Paris, 1977.

Crucifié et ressuscité, Jésus de Nazareth ayant vaincu le mal absolu par la manifestation de l'amour inconditionnel de Dieu propose à travers le don de l'Esprit Saint dans l'Église, l'accueil de l'amour de Dieu.

La foi telle qu'elle est vécue par les Pères de l'Église est l'accueil de l'amour de Dieu dans les situations humaines en imitant l'homme-Dieu, Jésus de Nazareth, crucifié et ressuscité dont les christophanies confirment son exaltation et sa glorification.

Les Pères de l'Église comme Athanase étaient convaincus que Jésus le Christ ne sauve que ce qu'il assume. C'est en proclamant dans leurs écrits théologiques et dans leurs débats conciliaires, la nouveauté absolue de la présence de Dieu en Jésus de Nazareth, manifestant le règne de Dieu et mourant crucifié pour le salut de l'humanité et ressuscitant pour sa transformation que les Pères de l'Église ont posé les jalons d'une théologie contemplative agenouillée.

Les théologies bibliques des Pères de l'Église donnent des interprétations diverses de l'évènement du Christ mais toutes concourent à affirmer que Jésus, l'homme-Dieu, l'unique médiateur, libère l'humanité du mal et réalise une réconciliation avec Dieu et une communion fraternelle à accueillir dans la foi pour la transformation du monde en règne de Dieu.

2. En quoi consiste aujourd'hui la théologie contemplative agenouillée

La théologie contemplative agenouillée au sens habituel du terme, est aujourd'hui, une manière de faire la théologie de façon authentiquement spirituelle.

Cette théologie n'est ni celle du Jésus historique dont on a accès à travers la méthode historico-critique, ni le Christ de la foi des formules dogmatiques.

Selon G. Soares-Prabhu cité par Xavier Léon-Dufour, « L'objet de mon enquête est ce qu'on peut appeler le « Jésus de la foi » , c'est-à-dire celui qui nous est présenté dans l'histoire confessionnelle du Nouveau Testament, laquelle n'est pas nécessairement identique à son histoire critique. Le Jésus de la foi est le Jésus de l'histoire en tant qu'il était connu d'expérience par ses disciples fidèles.[5]».

[5] Xavier Léon-Dufour, *Agir selon l'Évangile*, Éditions du Seuil, Paris, 2001, p ;42.

La théologie contemplative agenouillée est celle aujourd'hui du Jésus de l'histoire en tant qu'il est connu de ses disciples fidèles.

Cette théologie vise la conversion personnelle et la transformation du monde où Dieu règne en étant en communion avec ceux qui croient en lui.

Cette théologie réhabilite l'expérience intérieure personnelle et la fréquentation des Pères de l'Église qui ont initié ce type de théologie dès l'âge post-apostolique.

La théologie contemplative agenouillée postule une familiarité avec la tradition vivante de l'Église et donne une place singulière à l'illumination intérieure de l'Esprit Saint.

Karl Rahner est le représentant au XXème siècle de la théologie contemplative agenouillée quand il déclare que l'impératif d'écouter la Parole de Dieu conduit à conformer sa vie à celle de Jésus dans la disposition de sa liberté.[6]

Cette anthropologie chrétienne rejoint l'intuition spirituelle de saint Ignace de Loyola qui à la seconde semaine des exercices spirituels met le retraitant en contact avec le christ sauveur et libérateur pour l'élection. [7]

L'impératif d'écouter le Verbe de Dieu conduit à une théologie contemplative agenouillée, où l'envoyé du Père reçoit la même révérence que le Père.

3. Quel est l'intérêt de la théologie contemplative agenouillée pour nos contemporains

L'intérêt de la théologie contemplative agenouillée est de faire de Jésus de l'histoire confessionnelle, homme-Dieu, le modèle de l'existence humaine.

Jésus le Christ est l'homme par excellence en tant qu'homme-Dieu. S'inspirer de lui et conformer sa vie à sa situation existentielle est la bonne manière de faire la volonté de Dieu en faisant régner Dieu dans sa vie. L'impact de cette décision existentielle d'être un autre Christ est la transformation du monde en règne de Dieu. Le monde où règne Dieu est celui de la communion avec le Père à travers le fils dans l'Esprit.

[6] Karl Rahner, *L'homme à l'écoute du Verbe. Fondements d'une philosophie de la religion,* Tours, 1968.

[7] « Voir le Christ notre Seigneur , roi éternel, devant lui le monde tout entier qu'il appelle ainsi que chacun en particulier

Jésus, homme-Dieu transparaît dans le récit de la transfiguration : Marc 9, 2-10 / Matthieu 17, 1-9 ; Luc 9, 28-36 ; 2 pierre1, 17-18

> Six jours après, Jésus prend avec lui Pierre, Jacques et Jean et les emmène seuls à l'écart sur une haute montagne. Il fut transfiguré devant eux, et ses vêtements devinrent éblouissants, si blancs qu'aucun foulon sur terre ne saurait blanchir ainsi. Elie leur apparut avec Moïse ; ils s'entretenaient avec Jésus. Intervenant, Pierre dit à Jésus : « Rabbi, il est bon que nous soyons ici ; dressons trois tentes : une pour toi, une pour Moïse, une pour Elie. Il ne savait que dire car ils étaient saisis de crainte. Une nuée vint les recouvrir et il eut une voix venant de la nuée : « Celui-ci est mon Fils bien - aimé. Ecoutez-le ! « Aussitôt regardant autour d'eux, ils ne virent que Jésus, seul avec eux. Comme ils descendaient de la montagne, il leur recommanda de ne raconter à personne ce qu'ils avaient vu, jusqu'à ce que le Fils de l'homme ressuscite d'entre les morts. Ils observèrent cet ordre, tout en se demandant entre eux ce qu'il entendait par « ressusciter d'entre les morts »

Jésus après avoir été reconnu par Pierre comme le messie annonce sa passion et sa résurrection. Il indique que pour le suivre, il faut prendre sa croix. La scène de la transfiguration révèle Jésus, homme-Dieu.

C'est cet homme-Dieu que les disciples doivent écouter. Jésus est plus grand que Moïse, le législateur d'Israël. Il est plus grand qu'Elie, le prophète représentant les messagers de Dieu à Israël.

Jésus est l'homme-Dieu qui parle et agit au nom de Dieu. C'est en l'écoutant qu'on entre en communion avec le Dieu qui sauve en conformant sa vie à celle du Fils bien aimé qui manifeste l'amour de Dieu en répandant sur l'humanité violente, la paix, la joie et la justice.

Jésus, homme-Dieu est le premier théologien de Dieu selon l'expression heureuse de Hans Urs von Balthasar.

C'est lui qui parle de Dieu en révélant son amour et son initiative de pardon et de réconciliation avec l'humanité. On se convertit en l'écoutant et on est sauvé en prenant sa croix pour entrer en communion avec le Père à travers le don de l'Esprit qui guide à la vérité, à la voie du salut et à la vie éternelle.

Remarques conclusives et d'ouverture

La théologie contemplative agenouillée est celle qui se met à l'écoute de Jésus, l'homme-Dieu de la Bible et de la tradition vivante des Pères de l'Église qui sont les premiers à élaborer les énoncés de foi dans un langage logique, raisonnable et rationnel.

Utilisant les outils conceptuels de l'âge post-apostolique, les Pères de l'Église avec l'autorité ecclésiastique ont mis la foi en Jésus, homme-Dieu en symboles et défini des textes régulateurs de la foi à partir de leur méditation agenouillée de la Sainte Écriture, matrice de toute bonne théologie.

Le retour aux Pères de l'Église au concile œcuménique Vatican II a rénové la théologie comme une disciple qui surmonte l'opposition entre foi et raison.

Cette théologie contemplative agenouille peut entrer en dialogue avec les religions, les cultures, les athées et les agnostiques de notre temps sur la base d'une discussion logique imprégnée de convivialité et de fraternité.

Jésus, le nouvel Adam, l'archétype de l'homme-Dieu qui vit, souffre, meurt et ressuscite est le modèle d'humanité qui réunit pour le partage, le service mutuel et l'espérance dans la communion.

Jésus, l'homme-Dieu n'est connu aujourd'hui qu'à travers l'expérience spirituelle de ses disciples fidèles nourris de la foi à l'évangile et de la tradition vivante des Pères de l'Église dans leurs écrits spirituels intégrant foi et raison.

La Christologie des *Exercices Spirituels* de saint Ignace de Loyola

Le livret des *Exercices spirituels* de saint Ignace de Loyola[1] tout en étant un guide et une méthode d'accompagnement de la prière[2] contient aussi un enseignement sur le Christ des évangiles et le travail continuel de Dieu dans sa création.

La spiritualité de saint Ignace de Loyola est celle du désir, de l'imagination créatrice et de la liberté d'engagement à la suite de Jésus de Nazareth disponible à la volonté aimante du Père.

Les *Exercices spirituels* de saint Ignace de Loyola disposent le sujet désirant à la présence et à l'amour de Dieu rencontrés dans la vie humaine de Jésus de Nazareth, parfaite et substantielle image du Père, qui, dans l'Esprit Saint, est le chemin qui mène à une vie authentique de louange, de révérence et de service.

Saint Ignace de Loyola n'est pas un théologien professionnel mais un homme de Dieu qui a fait l'expérience du Christ qui l'a appelé à une vie intérieure de louange, de révérence et de service au sein de l'Église du XVIème siècle qui se reformait à travers les crises de société.

Il a consigné son expérience spirituelle à Manresa dans un livret qui est un guide pour aider les personnes de désir à vivre pour la fin pour laquelle elles existent.

Peut-on extraire des *Exercices spirituels* de saint Ignace de Loyola une christologie implicite ?

Quel est le contenu de cette christologie ?

Quel est l'impact de cette christologie sur la mission universelle des disciples de Jésus de Nazareth, crucifié et ressuscité ?

1. La Christologie implicite des *Exercices spirituels* de saint Ignace de Loyola

Saint Ignace de Loyola fut un mystique qui a écrit et pratiqué les *Exercices spirituels* à partir de son expérience de l'appel du Christ à modeler sa vie dans un engagement total à sa suite.

Le Christ qui appelle à sa suite les volontaires qui sont les pécheurs aimés et pardonnés sous l'étendard de la croix pour répandre la bonne nouvelle du salut provoque un processus par

[1] I. DE LOYOLA, *Exercices spirituels*, Traduction du texte Autographe par E. GUEYDAN, Paris, DBB, 1991.
[2] Pie XI, Lettre apostolique *MENS NOSTRA,* sur *les exercices spirituels* (20 décembre 1929).

lequel un disciple choisi et confirmé devient un autre Christ pour continuer dans l'Église militante l'œuvre du Créateur et du Seigneur de l'univers.

C'est cette vision spirituelle qui est à notre avis la christologie implicite du livret des *Exercices spirituels* non pas comme un texte mais une expérience à vivre dans chaque situation particulière où le Christ dans son humanité rejoint toute personne.

Dans l'expérience spirituelle de saint Ignace de Loyola, c'est le Christ qui prend l'initiative d'appeler le pécheur aimé et pardonné qui ne change de vie et de perspective religieuse que dans le compagnonnage de Jésus de Nazareth.

C'est en suivant Jésus de Nazareth comme disciple et en conformant sa vie à celle du prédicateur itinérant du Royaume de Dieu que le compagnon de Jésus s'ouvre à la mission universelle du Fils de Dieu fait homme pour faire participer à la vie de Dieu ses frères et sœurs en humanité.

La christologie implicite des *Exercices spirituels* de saint Ignace de Loyola est celle de l'envoi du Fils éternel par le Dieu Trinitaire pour opérer la rédemption du genre humain.

En prenant la forme humaine, le Fils éternel de Dieu fait homme, né de la Vierge Marie est celui qui grandit dans son humanité pour révéler le mystère de Dieu et la manière authentique d'être humain.

Le Dieu ineffable, tri-personnel et Un se rend visible à travers Jésus de Nazareth, la face humaine du Père.

Ce Jésus de Nazareth est conçu de l'Esprit Saint et mène sa vie humaine sous la conduite de l'Esprit Saint.

Il reçoit l'amitié de ses parents qui lui apprennent comment être un bon Juif du premier siècle en vivant sous la loi de Moïse et en gagnant sa vie comme un ouvrier manuel.

Quand Jésus de Nazareth eut conscience de sa mission, Il parcourut la Galilée comme prédicateur, guérisseur et exorciste annonçant la proximité du Royaume de Dieu.

Jésus de Nazareth choisit des compagnons pour être témoins et coopérateurs de son ministère public et pour continuer son œuvre, après sa mort, sa résurrection et l'envoi de l'Esprit Saint.

Puis Jésus de Nazareth meurt et ressuscite et en envoyant son Esprit sur l'Église naissante, ses disciples comprirent que Jésus le Christ est à la fois pleinement Dieu et pleinement homme.

En lui la réalité divine et humaine sont unies sans séparation et sans confusion selon le dogme de Chalcédoine en 451.

Pour saint Ignace de Loyola, Jésus de Nazareth est le Fils de Dieu envoyé par le Père pour sauver l'humanité en proie à la violence et au manque d'amour de Dieu et du prochain.

2. Le contenu de la christologie des *Exercices spirituels* de saint Ignace de Loyola

Saint Ignace de Loyola adhère à la foi de l'Église qui proclame que Jésus de Nazareth est le Fils de Dieu qui s'est fait homme sans cesser d'être Dieu.

Il professe aussi le Dieu tri-personnel et Un de la tradition biblique et ecclésiale.

Le contenu de sa christologie est celle de l'incarnation rédemptrice.

Pour lui, le Dieu, mystère absolu s'est rendu visible et palpable dans la personne du Verbe fait chair.

En assumant un corps physique, une sensibilité humaine, une intelligence humaine, une volonté humaine et une liberté humaine, le Fils éternel de Dieu entre dans l'histoire humaine en unissant l'éternité et le temps. Il rejoint pour toujours l'humanité en assumant toutes les étapes de la vie humaine, y compris la mort.

Ainsi le Fils de Dieu fait homme a établi sa demeure parmi les hommes (Jean 1, 14 ; 1 Jean 4, 2). Il se livre à la contemplation de la personne qui reçoit les exercices spirituels qui trouve en lui la révélation du mystère de Dieu et la révélation de la manière authentique d'être humain.

En Jésus de Nazareth, Fils de Dieu fait homme, Dieu est avec l'humanité besogneuse et souffrante.

Le mode par lequel la personne humaine s'expose au Dieu incarné est d'être appelée à devenir disciple de Jésus de Nazareth, compagnon de vie et de travail missionnaire pour établir le royaume de Dieu.

La personne qui fait les exercices spirituels, par la contemplation Ignacienne, devient contemporain de Jésus de Nazareth et se laisse transformer pour être semblable à son divin maître.

Par l'imagination créatrice, la personne qui reçoit les exercices spirituels, se met à l'école de Jésus, « doux et humble de cœur ». Elle vit les béatitudes de Jésus de Nazareth et devient « le sel de la terre et la lumière du monde.

Le disciple devient un autre Christ capable d'incarner la volonté de salut de Dieu dans le monde.

Par sa vie transformée par l'enseignement divin du Christ, la personne qui reçoit les exercices spirituels coopère à l'émergence du royaume de Dieu.

3. L'impact du Christ incarné sur la mission universelle des disciples dans les *exercices spirituels* de saint Ignace de Loyola

L'expérience des *exercices spirituels* de saint Ignace de Loyola est portée par le mystère de l'incarnation rédemptrice.

L'incarnation rédemptrice montre que Dieu est à l'œuvre dans la création pour libérer le désir de coopérer avec lui pour l'avènement de son royaume.

L'évènement de l'incarnation rédemptrice du Christ est l'une des manifestations du travail de Dieu qui prend l'initiative d'appeler la Vierge Marie à faire entrer son Fils éternel dans l'histoire du salut.

La Vierge Marie a répondu à cet appel en consentant à être la mère du sauveur en le mettant au monde et en veillant sur sa croissance.

Dieu se rend vulnérable en devenant proche de l'humanité par sa présence à travers un corps humain dépendant du cosmos et un cœur humain pour manifester l'amour de Dieu à l'humanité.

Le corps humain de Jésus de Nazareth mange, respire et accomplit les actes de la vie quotidienne pour marquer la beauté intrinsèque de l'humanité créée à l'image de Dieu.

En embrassant la condition humaine, le cœur humain de Jésus peut révéler la compassion de Dieu face à la souffrance humaine en guérissant et en libérant les obstacles qui empêchent la personne humaine d'être responsable de sa vie.

La présence de Dieu à travers l'humanité de Jésus de Nazareth est la manière dont Dieu se dit de façon irrévocable.

Ainsi pourra-t-il appeler à sa suite des disciples, qui, librement consentiront à vivre dans son intimité pour apprendre à être semblable à lui par l'action de l'Esprit du Père et du Fils.

Le génie spirituel de saint Ignace de Loyola est de rendre la personne qui reçoit les exercices spirituels, contemporaine de Jésus de Nazareth par l'usage de l'imagination créatrice dans la représentation des scènes évangéliques où elle voit les personnages qui sont en relation avec le maître divin.

La personne qui reçoit les exercices spirituels de saint Ignace de Loyola peut entendre les paroles échangées avec le maître divin et en tirer profit.

Le but de la contemplation ignacienne est d'entrer en relation avec le Christ incarné pour le connaître intimement afin de l'aimer davantage et pour le suivre de plus près.

La relation intime au Christ incarné clarifie les désirs de la personne qui reçoit les exercices spirituels de saint Ignace de Loyola en les orientant vers les choix d'actions qui contribuent à la croissance du royaume de Dieu.

Avec un cœur qui discerne les mouvements affectifs, la personne qui reçoit les exercices spirituels perçoit le souffle de l'Esprit Saint qui inspire les actes d'amour et de justice.

La deuxième semaine des exercices spirituels de saint Ignace de Loyola forme le cœur du disciple de Jésus de Nazareth, le Fils de Dieu fait homme.

Temps d'assimilation des attitudes et des valeurs du Christ incarné, la deuxième semaine prépare la personne qui reçoit les exercices spirituels de saint Ignace de Loyola à la violence du sacré sur la personne du Fils de l'homme.

Jésus de Nazareth, le Fils de Dieu est trahi et renié. Il est abandonné par ses proches, maltraité et condamné à mort par crucifixion.

Jésus de Nazareth affronte la mort avec courage et remet son Esprit au Père, qui, après son ensevelissent le ressuscite d'entre les morts.

Vivant pour toujours, Jésus de Nazareth, le Fils de Dieu peut consoler et encourager ses disciples à poursuivre sa mission universelle de transformer le monde par l'amour, victorieux de la haine et de la mort.

Être disciple du Christ incarné, c'est valoriser le corps humain, la sensibilité humaine, l'intelligence humaine, la volonté humaine et la liberté humaine, car le Fils de Dieu s'est fait homme pour diviniser la personne humaine et pour la faire participer à la vie de Dieu.

L'expérience des exercices spirituels de saint Ignace de Loyola est un chemin pour être pleinement vivant comme le Christ ressuscité qui répand dans le cœur des disciples sa paix et sa joie pour transformer le monde.

Remarques conclusives et d'ouverture

Le christocentrisme de l'expérience des *Exercices spirituels* de saint Ignace de Loyola plaide en faveur de la christologie implicite de l'Incarnation rédemptrice.

Le Christ incarné est la figure qui adresse un appel à toute personne humaine à le suivre dans la disponibilité et l'amour.

C'est l'appel du roi éternel dans les *Exercices spirituels* de saint Ignace de Loyola : « *Voir le Christ notre Seigneur, roi éternel, et devant lui le monde tout entier qu'il appelle, ainsi que chacun en particulier* » (Saint Ignace de Loyola).

La grâce de l'appel s'accompagne d'une élection qui est un consentement libre de la personne humaine à la mission offerte.

La docilité à l'Esprit Saint conduit la personne humaine à partager le destin de Jésus de Nazareth, Seigneur et Sauveur.

La dynamique des *Exercices spirituels* met la personne humaine au cours de la première semaine face à l'amour inconditionnel du Dieu trinitaire qui pardonne avec l'envoi du Fils de Dieu crucifié et ressuscité qui restaure l'image de Dieu en toute personne déshumanisée par le péché.

Alors le pécheur aimé, pardonné et justifié peut répondre librement et généreusement à l'appel du roi éternel.

Ayant été transformée par la contemplation de l'incarnation, de la nativité et de la vie cachée de Jésus de Nazareth, la personne qui reçoit les exercices spirituels ayant grandi et mûri avec Le Dieu avec nous et parmi nous s'approprie des valeurs du royaume qui s'opposent aux subtiles tactiques de l'ennemi mortel de la nature humaine.

La deuxième semaine est le temps de l'élection confirmée à la troisième semaine par l'engagement total à suivre le destin de Jésus de Nazareth dans son abaissement qui aboutit à sa glorification.

La personne qui reçoit les exercices spirituels peut faire la contemplation pour parvenir à l'amour divin en rendant grâce pour les dons reçus et en les mettant au service de la Divine majesté dans un esprit de gratitude, d'amitié et de communion.

Aussi peut-elle trouver Dieu en toutes choses et travailler avec Dieu à la transformation du monde.

Saint François Xavier,
patron universel des missions

François Xavier, Navarrais, est né le 7 avril 1506.

En 1525, il entre au collège, sainte Barbe de Paris où il se lie d'amitié avec Pierre Favre et Ignace de Loyola.

Le 15 août 1534, François Xavier fit à Montmartre avec les premiers compagnons, les vœux de chasteté perpétuelle et de pauvreté évangélique et l'étrange vœu d'aller ensemble à Jérusalem. François Xavier quitte Paris en 1536 et se fit ordonner au sacerdoce ministériel le 24 juin 1537, après une intense activité soignante dans les hôpitaux de Venise et de Rome.

Façonné par les *Exercices spirituels* et disponible pour la mission reçue, François Xavier, membre de la nouvelle Compagnie de Jésus, approuvée par le pape Paul III le 26 septembre 1540, prit cette même année ou peu de temps après, la route vers les Indes orientales à la requête du roi du Portugal, Jean III.

François Xavier arriva à Goa en mai 1542 déterminé à s'adapter aux champs missionnaires qui s'ouvraient à lui.

En dix ans, François Xavier parcourut l'orient portugais, sur terre et sur mer : Sao Tomé, Malacca, Kyoto.

François Xavier meurt seul en 1552 aux portes de la Chine face à Canton à l'âge de 46 ans.

Pour parler de François Xavier, nous nous inspirons de l'article de Dominique Paillard.[1]

François Xavier y est perçu comme un apôtre infatigable, docile à l'Esprit Saint et en communion avec la Compagnie de Jésus dont il est la figure emblématique du missionnaire dans les Indes orientales.

1. François Xavier, un apôtre infatigable

François Xavier laisse derrière lui, l'image d'un apôtre infatigable, catéchisant, baptisant et fondant missions et collèges.

Il a mené en orient portugais une vie héroïque de missionnaire décidé à implanter le christianisme dans ce patronat.

[1] Cf. son article www.communauté-sfx.catholique.fr (abrégé).

François Xavier a vécu à une époque de grands bouleversements culturels et religieux. Il a connu le temps des reformes dans l'Église et l'ouverture de l'Europe sur le Nouveau Monde.

Traumatisé au plan personnel par la guerre de rébellion de la Navarre contre l'Espagne où sa famille noble a tout perdu, François Xavier se retrouve à Paris pour se préparer à une carrière mondaine brillante pour sauver son honneur.

Licencié puis maître ès arts, la trajectoire du projet que François Xavier se construisait fut déviée par sa cohabitation à trois avec Pierre Favre et Ignace de Loyola.

Ce dernier devint son ami et le fit rencontrer le Christ à travers les *exercices spirituels*.

François Xavier choisit alors d'abandonner ses ambitions mondaines pour servir son créateur et sauveur dans l'amour humble et gratuit des enfants de Dieu.

Puis la mission reçue de partir vers les indes orientales dans le patronat portugais révéla la puissance de la sympathie de son cœur pour les ignorants de Dieu, les pauvres et les malades.

Il prêcha l'évangile en supportant les dangers du terrain apostolique et les limites de sa personnalité enthousiaste et passionnée.

Dans ses expéditions missionnaires dans les contrées de l'orient portugais, très diversifié, François Xavier se confronta au choc des cultures au prix d'un combat spirituel.

Il fut en contact avec les adeptes de la Voie[2], de l'hindouisme, du confucianisme et de l'islam sans proposer un dialogue interreligieux apaisé.

François Xavier eut le génie de proposer à l'orient portugais un catéchisme rudimentaire et une traduction de la liturgie en langues vernaculaires.

Il forma les laïcs qui deviennent des responsables des Églises locales, créa des collèges pour les autochtones et engagea le dialogue avec des lettrés et les élites locales.

2. François Xavier, un apôtre docile à l'esprit saint et en communion avec l'église du ciel et de la terre

Loin de l'Europe, François Xavier est uni à la Compagnie de Jésus, par la prière, l'obéissance et l'amitié sincère qui le lie à sa famille religieuse.

[2] Bouddhisme

Croyant à la communion des saints et aux énergies vitales qui dynamisent le corps vivant de l'Église, François Xavier n'hésita pas à mobiliser l'Église du ciel et l'Église militante pour la réussite de ses missions.

Il fut un homme de réseaux qui apprivoisa les institutions chrétiennes aux mœurs de l'orient portugais.

Son style de vie sobre et simple respirait la liberté intérieure d'un engagement apostolique en harmonie avec les cultures de l'orient portugais.

François Xavier fut un homme ouvert aux avis et aux conseils et un collaborateur soucieux de développer des relations d'amour pour le triomphe du règne de Dieu en orient portugais.

3. Les leçons à tirer de la vie de François Xavier

La générosité de François Xavier est sans limite.

Son cœur de feu est ouvert à tous.

Il est l'incarnation du Jésuite en mission reçue qui reste disponible à l'Esprit Saint et aux circonstances de vie.

François Xavier a inventé un monde nouveau dans les Indes orientales, avec une nouvelle manière d'être disciples de Jésus dans cet orient diversifié où son discernement et sa relecture des signes des temps ont engendré le paradigme d'une nouvelle évangélisation.

Son engagement missionnaire solide a frayé le passage à l'inculturation de la foi chrétienne au sein des civilisations de l'orient.

La reconstruction du monde oriental par François Xavier a produit l'inclusion des populations marginalisées, le respect des droits humains et la mise en cause des discriminations de castes.

L'évangélisation de François Xavier s'adresse à l'homme et à tout l'homme oriental mais il n'eut pas le temps de développer l'ampleur de son projet missionnaire.

Conclusion en guise d'ouverture :

La bonne nouvelle pour les indes orientales fut l'arrivée en mai 1542 de François Xavier, un apôtre, pauvre et humble, transformé par sa rencontre avec le Christ à travers les *Exercices spirituels* d'Ignace de Loyola.

En dix ans, François Xavier planta le christianisme au cœur de l'orient diversifié en procédant à la formation des laïcs capables d'animer les communautés chrétiennes et d'introduire la foi chrétienne dans les mentalités et dans la manière de vivre des populations marginalisées dont les droits humains étaient bafoués par les distinctions de castes, de statut social et de préjugés religieux.

François Xavier reste le modèle du missionnaire, pauvre et humble dont la sobriété heureuse de vie suscite admiration et émerveillement pour sa confiance en Dieu créateur et sauveur qui réhabilite la dignité humaine et ouvre l'orient à la lumière du Christ.

La double fête de Saint Ignace de Loyola et des cinquante ans de sacerdoce ministériel du Père Jacques FÉDRY

C'est avec joie, gratitude, action de grâce et reconnaissance à Dieu que nous célébrons aujourd'hui la double fête de Saint Ignace de Loyola et des cinquante ans de sacerdoce ministériel du Père Jacques FÉDRY.

La fête de Saint Ignace de LOYOLA s'inscrit dans les activités marquant l'année qui commémore sa conversion et sa canonisation.

L'année Ignatienne nous rappelle que c'est en comprenant en profondeur l'histoire de la conversion d'Inigo Lopez de Loyola alias Saint Ignace que les compagnons de Jésus s'approprieront leur identité individuelle et collective comme corps apostolique dans l'Église.

Inigo Lopez de Loyola alias saint Ignace après sa blessure de guerre à Pampelune le 15 mai 1521 a par l'effet de la providence au cours de sa convalescence vécu une expérience religieuse de la conversion qui fut le point de départ de son désir de suivre le christ, pauvre, humble et humilié des évangiles.

Nous sommes heureux de célébrer avec le Père Jacques FÉDRY ses noces d'or du presbytérat, lui qui travaille en Afrique depuis plus d'une quarantaine d'années comme Jésuite missionnaire au Tchad au Cameroun, au Burkina Fasso et au Congo Brazzaville.

Le Père Jacques FÉDRY est un anthropologue et un spécialiste de la linguistique africaine qui a une connaissance très profonde des différentes manières de vivre selon les cultures et son presbytérat s'est exercé dans des lieux de recherches linguistiques au sud est du Tchad, dans les établissements scolaires, dans les séminaires, dans les noviciats, dans les centres spirituels, dans les universités et dans les maisons d'éditions.

Animateur spirituel, écrivain, conseiller et conférencier, le Père Jacques FÉDRY est un humaniste chrétien qui a rempli sa vie d'activités diverses qui font de lui un sage à la manière des africains.

Ce qui caractérise les cinquante années de presbytérat du Père Jaques FÉDRY est son désir de rencontrer les hommes, les femmes et les enfants pour leur communiquer selon leurs cultures ce qui conduit davantage à la fin pour laquelle ils sont créés (« Principe et fondement des Exercices spirituels, n° 23).

Ce Lyonnais est l'homme du « Principe et Fondement » des Exercices spirituels de Saint Ignace de Loyola. Sa vie de presbytre sobre est le commentaire vivant de l'actualité du principe et Fondement dans nos vies de disciples de Jésus appelés par *LAUDATO SI* à une vie simple débarrassée de consommation excessive.

Comme imitateur de Jésus, le Père Jacques FÉDRY au cours de ses cinquante années de presbytérat a été un passionné de la mission reçue de ses supérieurs religieux. Il a incarné dans des circonstances diverses le style et la manière de vivre de Jésus cherchant d'abord le Royaume et la justice de Dieu (Matthieu 6, 31-34).

Il a mis à profit les opportunités au Tchad, au Cameroun, au Burkina Fasso et au Congo Brazzaville pour vivre avec diligence ses missions.

Rendons grâce à Dieu pour le merveilleux cadeau de Dieu que représente le Père Jacques FÉDRY pour la Compagnie de Jésus et pour la province de l'Afrique occidentale.

Que le processus de croissance exemplaire que représente la bonne et belle vie du Père Jacques FÉDRY nous aide à vivre notre vocation chrétienne en sachant que nous sommes aimés de Dieu et que nos jours sont dans ses mains (Psaume 31, 16).

Les communautés ecclésiales de base subsahariennes

Selon les vœux de saint Paul VI à Kampala en 1969, il y a aujourd'hui un christianisme proprement africain fondé sur les communautés ecclésiales de base, de plus en plus en dialogue avec les réalités locales et de plus en plus engagé dans les bouleversements sociaux, économiques et idéologiques du monde.

Le christianisme proprement africain est familial, prophétique, charismatique et responsable.

Espace de rencontres fraternelles, de célébrations de la vie partagée et de construction commune de l'espérance, le christianisme proprement africain est la force historique des pauvres qui crient leurs détresses au Dieu crucifié, Jésus Christ, espérance du monde[1].

Jésus Christ solidaire de l'humanité, mort crucifié et ressuscité est l'espérance du christianisme proprement africain (Colossiens 1, 27 ; 1 Corinthiens 12, 13, 27 ; Galates 5, 20 ; Jean 15, 4-7 ; Jean 13, 35).

La richesse inépuisable de l'évangile inspire le christianisme proprement africain des communautés ecclésiales de base qui dépassent l'antagonisme des barrières socio-économiques pour établir des liens de fraternité, des contacts humanisants et de nouvelles sensibilités religieuses.

En quoi le christianisme proprement africain à l'âge du pluralisme religieux est-il une chance pour la reconnaissance de la diversité des spiritualités ?

Quelle est l'originalité du Christianisme africain contemporain fondé sur les communautés ecclésiales de base ?

Quelle est l'authenticité du christianisme africain contemporain fondé sur les communautés ecclésiales de base ?

Notre brève réflexion sur un christianisme proprement africain fondé sur les communautés ecclésiales de base est un appel à privilégier cette manière de vivre la foi au quotidien dans un milieu géographique, le voisinage, porteur d'espérance.

---

[1] F. KABASELE, J. DORÉ, R. LUNEAU, *Chemins de la christologie africaine*, nouvelle édition complétée, Paris, Desclée (Jésus et Jésus Christ, 25), 2001.

1. Le christianisme proprement africain signe de la diversité des spiritualités à l'âge du pluralisme religieux

Le christianisme proprement africain a réussi à faire de son contexte religieux et culturel de vie, le point de départ de sa foi en l'homme Jésus qui sans cesser d'être Dieu a partagé intégralement la condition humaine en s'abaissant pour servir ses frères jusqu'à donner sa vie pour eux.

C'est cet Homme-Dieu qui est la plénitude de la révélation de Dieu en étant semblable et identique à Dieu connu par les subsahariens comme la source permanente de toute vie.

Jésus Christ, ce vivant par excellence, ne peut-être que le visage humain de Dieu dont la qualité d'amour se reflète dans sa vie et dans le don de sa vie à ses semblables.

Le christianisme proprement africain est l'expérience de la fraternité ouverte et inclusive avec le respect du pluralisme des cultures autour de l'évènement de salut qu'est la résurrection de Jésus qui inscrit dans l'histoire humaine la nouvelle création (Jean 20, 20-23 ; Actes 2, 1-4).

La nouvelle création est l'expérience de vie ouverte par un crucifié ressuscité pour un meilleur fonctionnement de la société humaine.

Au nom de l'appartenance aux cultures géographiquement situées au sud du Sahara, les communautés ecclésiales de base prenant le relais des sociétés traditionnelles déstructurées, mettent l'accent sur un christianisme à caractère familial où les liens et les contacts humains sont privilégiés.

La parenté biologique, la parenté par alliance, la parenté par affinité et la parenté par association sont les moyens utilisés par les communautés ecclésiales de base pour créer le lien social et religieux.

Jésus Christ est perçu par les subsahariens comme le défenseur éminent du lien social et religieux.

Son image de Dieu comme Père, rassemblant ses enfants dispersés et sa passion pour l'unité de la famille humaine le désignent comme le Fils de Dieu conduit par l'Esprit qui fait des subsahariens rassemblé en communautés ecclésiales de base des fils adoptifs du Dieu des chrétiens.

Ces fils et filles engendrés par la foi en Jésus Christ, crucifié, mort et ressuscité et réunis en communautés ecclésiales de base sont libérés de la religiosité fataliste, de la peur et de toutes formes d'esclavages dont le péché et la mort[2].

La christologie de l'Afrique subsaharienne est celle du Christ, libérateur, refondateur des communautés ecclésiales de base[3].

Les communautés ecclésiales de base se forment au niveau de la parenté géographique du voisinage et ont pour vocation de susciter la fraternité ouverte et inclusive.

Le voisin est la personne, enfant, femme et homme, dont le subsaharien se rends proche en recherchant les gestes de convivialité qui renforcent la fraternité et le souci de partager la vie qui se donne au quotidien.

Cette communauté se rassemble pour discuter les problèmes quotidiens du voisinage dans le respect du pluralisme religieux et culturel.

Les évènements de famille sont célébrés ensemble et chaque membre du voisinage se sent en solidarité pour mener ensemble les projets du développement du lieu d'habitation[4].

C'est au sein de ce mouvement fraternel que se forme une entité particulière, la communauté ecclésiale de base, rattachée à une paroisse qui anime la vie chrétienne du voisinage sans prosélytisme.

La communauté ecclésiale de base se réfère à Jésus Christ, libérateur[5] et refondateur des sociétés humaines par sa manière originale et radicale de vivre pour les autres au point de perdre sa vie en se laissant accueillir par la source de toute vie dont il est la transparence par sa résurrection.

Ainsi, Jésus Christ par son ouverture totale à Dieu en faisant sa volonté se révèle comme le Fils éternel incarné qui refonde les liens sociaux et religieux par sa manière de vivre radicalement pour les autres sans repli sur sa divinité.

Les communautés ecclésiales de base en Afrique au sud du Sahara sont de nouvelles manières d'être le Christ pour les autres dans le voisinage. Elles rassemblent les pauvres qui

---

[2] MÈDÉWALÉ-JACOB AGOSSOU, *Christianisme africain. Une fraternité au-delà de l'ethnie*, Paris, Karthala, 1995.
[3] Jean-Marc Éla, *Ma foi d'Africain*, Paris, Karthala, 1985.
[4] KA-Mana, *Pour l'économie du bonheur partagé. Construire une société heureuse*, Kinshasa, Les Éditions du CERDAF, 2014.
[5] ENGELBERT MVENG, *Spiritualité et libération en Afrique*, Paris, 1985.

prennent leur destinée en main en suivant la pratique d'amour de Jésus (Matthieu 25). Témoignant de la foi au Christ ressuscité, les communautés ecclésiales de base sont prophétiques et dénoncent les violences faites aux enfants, aux femmes et aux hommes souffrant des situations déshumanisantes.

Les communautés ecclésiales de base sont une chance pour l'unité de l'humanité dans sa vie quotidienne dans le voisinage. Elles sont en Afrique au sud du Sahara les semences de fraternité, de dialogue interculturel et religieux. Elles contribuent à la paix et à la cohésion sociale.

Les communautés ecclésiales de base privilégient la dimension sociale et religieuse de la condition historique de ceux qui vivent dans le voisinage afin de tisser une solidarité autour des problèmes de la vie quotidienne.

Tout en accueillant toutes les spiritualités dans l'interprétation des réalités quotidiennes, les communautés ecclésiales en Afrique au sud du Sahara misent sur l'espérance suscitée par la résurrection du Dieu crucifié, Jésus, l'homme qui sans cesser d'être Dieu triomphe de la mort et donne le courage de lutter contre toutes les formes d'injustice qui retardent la promotion de la dignité humaine.

Jésus pour les subsahariens est le parent tourné vers Dieu qui se rend solidaire de la famille humaine en orientant la dimension collective du vivre ensemble vers le respect des différences considérées comme une richesse relationnelle à l'image du Dieu Un et divers de la Trinité chrétienne.

2. L'originalité du christianisme africain contemporain fondé sur les communautés ecclésiales de base

Le christianisme africain contemporain fondé sur les communautés ecclésiales de base se distingue du christianisme implanté à l'aube des missions chrétiennes par son incarnation dans les cultures subsahariennes.

Les religions non chrétiennes de l'Afrique au sud du Sahara sont reconnues comme des partenaires de dialogue interreligieux[6].

[6] L. LUSAKLA LU NE NKUKA, *Jésus Christ et la religion africaine. Réflexion christologique à partir de l'analyse des mythes d'OSIRIS, de GUENO, d'OBATALA, de KIRANGA et de NZALA MPANDA*, Rome, GREGORIAN & BIBLICAL PRESS, 2010.

Le pluralisme religieux est accepté comme une réalité incontournable et les théologiens africains utilisent les méthodes inductives et contextuelles pour analyser les phénomènes religieux.

Le christianisme africain contemporain est ouvert et s'adapte à la modernité. Il insiste sur la dimension communautaire de toute vie personnelle et donne une place importante au monde invisible des esprits et des ancêtres. La célébration et la fête sont valorisées comme des moyens pour célébrer le Dieu de la vie en continuité avec le paradoxe de la croix chrétienne qui assimile les pauvres et oppressés aux porteurs du mystère pascal de Jésus.

Ce christianisme familial, prophétique, charismatique et responsable est social et mystique. Il est thérapeutique en se souciant du bien-être holistique des croyants.

L'essor extraordinaire du christianisme africain contemporain accompagne les réfugiés, les personnes déplacées et les migrants dans leurs quêtes d'une vie plus humanisante.

Le christianisme africain contemporain suscite des organisations non gouvernementales pour encourager l'entreprenariat, les initiatives d'activités génératrices de revenus pour les pauvres et la promotion féminine. Il aide à la résolution des conflits inévitables dans les sociétés où les fractures sociales occasionnent la violence, la culture de la mort et le désespoir.

3. L'authenticité du christianisme africain contemporain fondé sur les communautés ecclésiales de base

Le christianisme africain contemporain fondé sur les communautés ecclésiales de base s'enracine dans l'Église locale où l'évêque préside à la charité en célébrant les sacrements où les fidèles reçoivent la grâce du salut. S'engager dans une communauté ecclésiale de base est un appel de Dieu discerné et vécu dans la simplicité et l'humilité pour avoir un seul cœur et une seule âme avec le voisinage géographique à la manière souple et adaptée de la vie apostolique des églises primitives de Jérusalem et d'Antioche.

Les membres actifs des communautés ecclésiales de base sont des baptisés qui vivent leur vie de foi dans leur famille, dans le voisinage, dans la communauté de travail et dans le cercle d'amis et parents.

Leur chemin vers Dieu est de témoigner du Christ ressuscité dans leurs lieux d'habitation en transformant par leurs pratiques d'amour leurs milieux de vie.

Ce christianisme africain contemporain d'en bas avec les communautés ecclésiales de base est la vocation des laïcs qui prennent au sérieux la dimension communautaire de leur vie de foi.

Leur manière de vivre est de pratiquer l'hospitalité en offrant des services concrets pour le bien-être de leurs voisins chrétiens et non chrétiens.

Par leurs comportements, les laïcs éduquent le voisinage aux valeurs de l'évangile sans les imposer.

Ce christianisme respectueux du pluralisme religieux et culturel est en dialogue constant avec les réalités opposées à l'évangile dans un débat honnête et courtois. Il est moins doctrinaire et plus convivial prêt à donner ses raisons d'espérer en Jésus Christ, le non -violent qui par sa résurrection libère l'humanité en lui conférant la grandeur des enfants qui se parlent pour construire une humanité nouvelle tournée vers Dieu et vers les autres.

Esquisse conclusive

Les communautés ecclésiales de base subsahariennes sont une chance heureuse pour l'avenir du christianisme proprement familial, prophétique, charismatique et responsable. Son originalité est de prendre la vie quotidienne dans le voisinage au sérieux en engageant une fraternité ouverte et inclusive à l'égard de ceux qui partagent le même lieu d'habitation.

La pratique de l'amour dans les détails concrets de la vie quotidienne est son option fondamentale.

Les communautés ecclésiales de base en Afrique au sud du Sahara s'enracinent dans l'Église locale où l'évêque présidant à la charité offre les sacrements de salut qui permettent aux laïcs de vivre avec ferveur et dévotion la vie quotidienne sous le signe de Jésus Christ, libérateur et refondateur des liens sociaux et religieux avec son orientation radicale du don de soi à ses frères en humanité.

La renaissance de l'Afrique au sud du Sahara sera conditionnée par le développement progressif des communautés ecclésiales de base dans les Églises locales.

Les communautés ecclésiales de base sont des structures souples d'en bas qui permettent aux chrétiens de vivre leur liberté de façon responsable en inventant de nouvelles manières de vivre la foi en Jésus Christ, libérateur et refondateur des liens sociaux et religieux.

Références de textes pour une retraite Ignacienne

La première semaine

Le péché des anges : Apocalypse 12, 1-9

Le péché d'Adam et Eve Genèse 3, 1-24

Le péché d'un homme qui s'est séparé éternellement de Dieu Luc 16, 19-31

Le péché de Cain Genèse 4, 1-8

Le péché de David 2 Samuel 11, 1-14

L'intervention de Nathan 2 Samuel 12, 1-17

Psaume 51

Marc 7, 14-23

Ézéchiel 36, 25-28

Psaume 139

Luc 15, 1-7

Luc 15, 8-10

Luc 15, 11-32

Luc 18, 9-14

Luc 14, 7-14

Marc 2, 1-12

Marc 2, 13-17

Luc 19, 1-10

Luc 12, 13-21

Luc 7, 36-50

Jean 8, 1-11

Exode 20, 1-17

Matthieu 18, 23-35

Méditation sur l'enfer

Deuxième semaine

L'appel du règne (ES 91-98)

La contemplation de l'incarnation (ES 101-109)

Luc 1, 26-38

Matthieu 1, 18-25

Matthieu 2, 1-12

Luc 2, 21-38

Luc 2, 39-40

Luc 2, 41-52

Luc 2, 52

Marc 1, 9-13

Matthieu 4, 1-11

Marc 1, 14-20

Jean 4, 4-30

Méditation sur les deux étendards (ES 136-147)

Marc 4, 35-41

Jean 5, 1-18

Luc 13, 13-17

Jean 1, 19-34

Jean 3, 22-36

Luc 7, 18-30

Jean 11, 1-45

Matthieu 5, 1-12

Matthieu 19, 16-22

Matthieu 20, 17-28

Marc 8, 34-38

Marc 9, 2-10

Marc 10, 46-52

Marc 14, 1-9

Marc 14, 10 -31

Marc 14, 32-42

Serviteur souffrant Isaïe 53

Troisième semaine

Marc 14, 43-52

Marc 14, 53-65

Marc 14, 66-72

Marc 15, 1-15

Marc 15, 16-20

Marc 15, 21-22

Marc 15, 23-28

Marc 15, 29-32

Marc 15, 33-39

Marc 15, 40-41

Marc 15, 42-47

Luc 23, 34

Luc 23, 43

Jean 19, 26-27

Matthieu 27, 46

Jean 19, 30

Luc 23, 46

Quatrième semaine

Marc 16, 1-8

Exercices spirituels 218-225

Matthieu 28, 9-10

Luc 24, 9-11

Quatrième semaine (suite)

Jean 20, 3-10

Jean 20, 11-18

Luc 24, 13-35

Jean 20, 19 -23

Jean 20, 24-29

Luc 24, 36-49

Jean 21,1-14

Jean 21, 15-19

Matthieu 28, 16-20

Luc 24, 50-53

Actes 2, 1-13

Actes 2, 37-41

Actes 2, 42-47

Actes 3, 1-10

Actes 8, 26-40

Actes 9, 1-19

Actes 10, 44-48

Contemplation pour parvenir à l'amour

1 Corinthiens 13, 1-13

INDEX

BIBLIOGRAPHIE

- ✓ Alain MATTHEEUWS, L'accompagnement spirituel, mode d'emploi, ARTÈGE, 2014.
- ✓ André LOUF, La grâce peut davantage, l'accompagnement spirituel, DDB, 1992.
- ✓ DE LOYOLA, Exercices spirituels, Traduction du texte Autographe par E. GUEYDAN, Paris, DBB, 1991.
- ✓ ENGELBERT MVENG, Spiritualité et libération en Afrique, Paris, 1985.
- ✓ F. KABASELE, J. DORÉ, R. LUNEAU, Chemins de la christologie africaine, nouvelle édition complétée, Paris, Desclée (Jésus et Jésus Christ, 25), 2001.
- ✓ G. FESSARD, la dialectique des Exercices spirituels de saint Ignace de Loyola, Paris, Aubier, 1956.
- ✓ Ignace de Loyola, Récit, écrit par le Père Louis Gonçalves aussitôt qu'il l'eut recueilli de la bouche même du Père Ignace, trad. Antoine LAURAS, Paris, DDB-BELLARMIN, 1988.
- ✓ Jack DOMINIAN, Maturité affective et vie chrétienne. Problèmes de vie religieuse, Paris, Cerf, 1978.
- ✓ Jacques Guillet, « Discernement des esprits » dans le Dictionnaire de spiritualité, Paris, Saint Augustin, 1999, vol.3, col.1222-1247.
- ✓ Jean LAPLACE, la direction de conscience ou le dialogue spirituel, Mame, 1965.
- ✓ Jean-Claude Guy, Histoire de la vie religieuse. Des origines au début du XIX siècle. Travaux et conférences du Centre Sèvres, n° 17, Paris, 1989.
- ✓ Jean-Marc Éla, Ma foi d'Africain, Paris, Karthala, 1985.
- ✓ Joseph KI-ZERBO, « La personnalité négro-africaine » https:// jstor.org
- ✓ KA-Mana, Pour l'économie du bonheur partagé. Construire une société heureuse, Kinshasa, Les Éditions du CERDAF, 2014.
- ✓ Karl Rahner, L'homme à l'écoute du Verbe. Fondements d'une philosophie de la religion, Tours, 1968.
- ✓ L. LUSAKLA LU NE NKUKA, Jésus Christ et la religion africaine. Réflexion christologique à partir de l'analyse des mythes d'OSIRIS, de GUENO, d'OBATALA, de KIRANGA et de NZALA MPANDA, Rome, GREGORIAN & BIBLICAL PRESS, 2010.
- ✓ La Bible de Jérusalem
- ✓ Marcel JOUSSE, L'anthropologie du geste, Paris, RESMA, 1969.

✓ MARIETTE CANÉVET, Le discernement spirituel à travers les âges, Cerf, 2014.

✓ MÈDÉWALÉ-JACOB AGOSSOU, Christianisme africain. Une fraternité au-delà de l'ethnie, Paris, Karthala, 1995.

✓ PERFECTAE CARITATIS, article. 12.

✓ PH. MADRE, Être guide spirituel, Béatitudes, 2000.

✓ Pie XI, Lettre apostolique MENS NOSTRA, sur les exercices spirituels (20 décembre 1929).

✓ Pierre EMONET, Ignace de Loyola, Légende et réalité, Éditions LESSIUS, Bruxelles, 2013.

✓ R. Schnakenburg, Règne et Royaume de Dieu(tra. Fr.), L'Orante, 1965.

✓ Saint Ignace de Loyola, Exercices spirituels, DESCLÉE DE BROUWER, Paris, 1963.

✓ Sigmund Freud, Malaise dans la civilisation, Paris, PUF, 1971.

✓ Simon LÉGASSE, L'appel du riche, contribution à l'étude des fondements scripturaires de l'état religieux, « VERBUM SALUTIS, Collection annexe 1 » Paris, Beauchesne, 1966.

✓ W.A. BARRY & W.J. CONNOLLY, La pratique de la direction spirituelle, DDB, 1988.

✓ Xavier Léon -Dufour, Les miracles de Jésus selon le Nouveau Testament, Seuil, Paris, 1977.

✓ Xavier Léon-Dufour, Agir selon l'Évangile, Éditions du Seuil, Paris, 2001.

TABLE DES MATIERES

Printed by Books on Demand GmbH, Norderstedt / Germany